DAS FORTGESCHRITTENEN-ARBEITSBUCH

WIE MAN GELD WIRD

von Gary M. Douglas

Es ist egal, ob du eine Million Dollar hast oder fünfzig Cent.
Die Geldthemen sind für alle schwierig.

~ *Gary Douglas*

Das ursprüngliche *Wie man Geld wird-Arbeitsbuch* wurde erstmals in den frühen 1990ern veröffentlicht. Zehntausende Menschen aus der ganzen Welt haben dieses Buch benutzt, um größere Leichtigkeit und Klarheit mit Geld zu kreieren und um mehr in ihrem Leben zu haben.

Das *Fortgeschrittenen-Arbeitsbuch Wie man Geld wird* setzt da an, wo das Original aufhört und beinhaltet fortgeschrittenere Fragen und Prozesse dazu, wie man Geld wird und was das für dich bedeuten kann.

Bitte beantworte alle Fragen im ersten *Wie man Geld wird-Arbeitsbuch,* bevor du beginnst, mit den Fragen in diesem Arbeitsbuch zu arbeiten.

WIE DU DIESES ARBEITSBUCH VERWENDEST

Die Quelle aller Veränderung und Möglichkeit besteht darin, sich der Begrenzungen gewahr zu werden, die man gewählt hat. Wenn du dir wirklich gewahr darüber wirst, was eine Begrenzung ist, wirst du sie eher nicht mehr als wahr abkaufen. Dies ist die Richtung, in die wir unterwegs sind – dich von deinen Begrenzungen in Bezug auf Geld zu befreien.

Dieses Arbeitsbuch ist voller Fragen und Prozesse, die dazu gedacht sind, dich dazu zu bringen, deine Begrenzungen in Bezug auf Geld anzuschauen, immer und immer und immer wieder – bis dir schließlich klar wird: „Moment mal! Das ist eine dumme Ansicht. Aus welchem Grund sollte ich das wählen?"

Es muss keine Begrenzungen geben, es sei denn, du wählst sie.

Es geht nicht um Logik

Eine Dame, die mit diesen Fragen arbeitete, sagte mir, es falle ihr schwer, mehr als drei oder vier Antworten auf einige der Fragen in diesem Arbeitsbuch zu finden. Sie meinte, einige der Fragen ergäben überhaupt keinen Sinn für sie und sie würde abschalten, sobald sie sie stellte.

Du solltest Folgendes über diese Fragen wissen: Wenn du versuchst, den Sinn darin zu ergründen, bedeutet das, dass du versuchst, die Logik gemäß dieser Realität zu finden. Dies hat nichts mit dem zu tun, was tatsächlich ist.

Jemand anders erzählte mir, sie bekäme ähnliche Antworten, egal, wie die Frage lautete. Ich sagte: „Du versuchst, es aus der Perspektive der Logik zu betrachten, richtig?"

Sie antwortete: „Ja, ein wenig."

Ich fragte: „Ist Geld jemals wirklich logisch? Nein, Geld ist nur Energie. Du versuchst, weiter nach der *Logik* dessen zu suchen, was real und wahr ist, anstatt nach deinem *Gewahrsein*, was die einzige Quelle dessen ist, was real und wahr ist."

Du bist die einzige Quelle dessen, was real und wahr für dich ist, und dennoch versuchst du immer weiter, dich nach deinem Gefühl dafür, was logisch ist, zu orientieren, oder du versuchst, dich nach dieser Realität zu orientieren oder nach dem, was du definieren und eingrenzen kannst, oder nach dem, was jemand anders bestätigen wird. Was wäre, wenn alles, was für dich wahr ist, weit jenseits dessen liegt, was irgendjemand sonst sehen kann? Sich das anzuschauen ist die einzige Art, wie du deine finanzielle Realität kreieren kannst.

Wenn du versuchst, deine Geldrealität auf ein anderes Niveau zu bringen, wirst du auf Fragen stoßen, von denen du meinst, sie funktionierten nicht. Fahre fort, diese Fragen zu stellen und deine Antworten aufzuschreiben, denn es geht darum, deine Realität rund um Geld zu verändern.

Arbeite diese Fragen mehrfach durch

Ein Mann, der den Fortgeschrittenenkurs *Wie man Geld wird* bei mir besucht hatte, sagte, er habe sich die Kurse mehr als fünf Mal angehört und jedes Mal, wenn er sie sich anhörte, verschiedene Sachen gehört. Er fragte: „Heißt das, dass ich vergesse, was ich gehört oder gelernt habe? Was ist das?"

Ich sagte: „Wenn du verschiedene Schichten der Begrenzung klärst, hörst du Dinge von einem anderen Ort."

Der Mann sagte: „Ja. Genau das beobachte ich. Andere Dinge kommen hoch, andere Dinge erscheinen, die ich vorher nicht erkannt hätte."

Das ist der Grund, aus dem du die Übungen und Fragen in diesem Arbeitsbuch wiederholen musst. Wenn du sie machst, beginnst du, die Tür dazu zu öffnen, von einem anderen Ort aus zu kreieren – und eine andere Möglichkeit beginnt sich zu zeigen. So funktioniert es. Du hast Milliarden von Jahren damit zugebracht, dein Leben als Elend zu kreieren. Also musst du diese Fragen eventuell mehrfach durcharbeiten.

Wenn du zu einem bestimmten Zeitpunkt nur zwei oder drei Antworten zu einer bestimmten Frage hast, ist das vielleicht das meiste, was an einem Tag möglich ist. Wie kommt das? Weil du nie unendliche Möglichkeiten mit Geld angestrebt hast. Du hast nur die Möglichkeiten des Geldes basierend auf dieser Realität betrachtet, also wirst du keine Antworten auf diese Fragen haben.

Wenn du wirklich Klarheit über Geld erlangen möchtest, musst du diese Fragen immer und immer wieder beantworten. Wenn du sie einmal morgens und einmal im Laufe des Tages durcharbeitest, wirst du feststellen, dass du zwei oder drei weitere Antworten hast. Werden das alle Antworten sein, die du finden kannst? Für diesen Tag ja. Dann kannst du sie am nächsten Tag oder im Laufe der Woche wieder beantworten.

~ Gary Douglas

INHALTSVERZEICHNIS

KAPITEL EINS

SEIN UND EMPFANGEN

Hier ist deine erste Frage. Bitte schreibe 10 Antworten auf.

FRAGE EINS: *Was weigere ich mich zu sein, das, wenn ich es sein würde, zuviel Geld in meinem Leben kreieren würde?*

Eines der Schlüsselelemente, um ein enormes, großartiges und kreatives Leben zu haben, ist die Bereitschaft zu empfangen, denn um zu empfangen, musst du bereit sein zu *sein*. Was du nicht bereit bist zu sein, ist das, was dich vom Empfangen abhält.

Wahres Empfangen bedeutet, in der Lage zu sein, alle Informationen zu empfangen, die es gibt. Es ist die Fähigkeit, alles ohne eine Ansicht wahrzunehmen. Du musst bereit sein, zu empfangen, wenn du das Leben haben möchtest, das du dir wirklich wünschst.

Ein Teilnehmer im Fortgeschrittenen-Kurs *Wie man Geld wird* sagte: „Als ich die Frage stellte: ‚Was weigerst du dich dich zu sein, das, wenn du es sein würdest, zu viel Geld in deinem Leben kreieren würde?', wurden mir Dinge bewusst, die ich verweigerte, die eigentlich möglich waren. Was würde es brauchen, mehr davon zu wählen?"

Wenn du bereit bist, alles Geld zu *sein*, kannst du alles Geld *haben*. Wenn du bereit bist, alle Kontrolle zu *sein*, kannst du alle Kontrolle *haben*. Wenn du bereit bist, vollkommen anders zu *sein*, kannst du das vollkommen Andere *haben*.

> Was hast du so lebensnotwendig und wertvoll an deinen Definitionen des Empfangens gemacht, was dich davon abhält, tatsächlich das zu sein, was empfangen kann? Alles, was das ist, mal Gottzillionen, zerstörst und un-

kreierst du das alles? Right and Wrong, Good and Bad, POD and POC, All 9, Shorts, Boys, and Beyonds.®[1]

Wann immer du etwas definierst, begrenzt du, was es sein kann und was du empfangen kannst. Das liegt daran, dass Definition allein schon definitionsgemäß Begrenzung ist. Was hast du so lebensnotwendig und wertvoll an deinen Definitionen des Empfangens gemacht, was dich davon abhält, tatsächlich das zu sein, was du empfangen kannst?

> Was weigerst du dich zu sein, das du eigentlich sein könntest, das, wenn du es tatsächlich sein würdest, dir erlauben würde, alles zu empfangen, von dem du beschlossen hast, es nicht haben, sein, tun, kreieren, generieren zu können? Alles, was das ist, mal Gottzillionen, zerstörst und unkreierst du das alles? Right and Wrong, Good and Bad, POD and POC, All 9, Shorts, Boys, and Beyonds.

Ein Kursteilnehmer, der mit dieser Frage arbeitete, sagte: „Ich kreiere scheinbar Wertesysteme dazu, was ich tun oder nicht tun würde, um Geld zu bekommen. Wenn ich die Frage stelle, was ich mich weigere zu sein, kommt da etwas hoch dazu, ein Gauner zu sein."

Ein Gauner ist ein Hochstapler oder ein Betrüger, jemand, der Leute belügt oder beschwindelt, damit sie ihm Geld geben. Ich sagte: „Alles, was du getan hast, um kein Gauner zu sein, ist, was dich immer weiter ein Gauner sein lässt, der versucht, kein Gauner zu sein, um zu beweisen, dass du kein Gauner bist, damit du andere beschwindeln kannst, ohne sie zu beschwindeln. Du hast bereits beschlossen, dass du ein Gauner bist, um dies nicht zu sein. Du musst fragen: ‚Was weigere ich mich zu sein, das, wenn ich es sein würde, zu viel Geld in meinem Leben kreieren würde?'"

„Du musst das fragen, weil du viele Ansichten darüber hast, von denen du noch nicht einmal weißt, dass du sie hast. Ein Gauner oder Hochstapler zu sein, ist wahrscheinlich eine von den zehntausenden von Ansichten, die du hast. Du versuchst, nicht alles zu sein, was du sein könntest, das zu viel Geld in deinem Leben kreieren würde, um zu rechtfertigen, dass es in Ordnung ist, nicht genug zu haben. Du fragst nicht: ‚Wie wäre es, wenn ich in alle Ewigkeit 100 Millionen Dollar im Jahr hätte?'"

Das ist deine zweite Frage.

1 „Right and Wrong, Good and Bad, POD and POC, All 9, Shorts, Boys, and Beyonds" ist das Access Consciousness Clearing Statement®. Du kannst darüber mehr am Ende dieses Buches lesen. Weitere Informationen zur Bedeutung der Wörter und wie es funktioniert, findest du unter: http://www.accessconsciousness.com/theclearingstatement

FRAGE ZWEI: *Wie wäre es, wenn ich in alle Ewigkeit 100 Millionen Dollar im Jahr hätte?*

Die meisten von uns fühlen sich wie Gauner oder Hochstapler oder Schwindler, weil wir nicht darauf vertrauen zu wissen, dass wir wissen, wenn wir wissen, dass wir es wissen. Wir zweifeln uns selbst an. Wie viel Zweifel verwendest du, um das Geld zu stoppen? Wie viel Zweifel verwendest du, um den Mangel an Geld zu kreieren, den du wählst?

FRAGE DREI: *Wie viel Zweifel verwende ich, um den Mangel an Geld zu kreieren, den ich wähle?*

Bist du bereit, die Stimme aller Möglichkeiten zu sein? Wie wäre es, wenn du 100 Millionen Dollar pro Jahr in alle Ewigkeit hättest? Es ist eine Energie. Es geht nicht darum, was du kaufen kannst, es geht darum, was du sein kannst.

Du beschließt nicht bereit zu sein etwas zu sein, weil du es für falsch hältst. Ich musste zum Beispiel vor Kurzem Dain beibringen zu lügen. Seine Ansicht war: „Man muss ehrlich sein. Man muss die Wahrheit sagen, die ganze Wahrheit, nichts als die Wahrheit, so wahr mir Gott helfe!" Das bedeutete, dass ihn alle anlügen konnten, und es tun würden und taten.

Du musst bereit sein, alles zu sein und zu tun, um eine großartigere Möglichkeit zu kreieren. Der einzige Grund, warum du keine riesigen Beträge an Geld hast, ist, weil du nicht bereit bist, alles zu sein oder zu tun, was es braucht, um eine großartigere Möglichkeit zu kreieren.

Wenn du sagst: „Ich möchte nicht so sein wie diese Person“, ist das eine Bewertung? Ist das eine Schlussfolgerung? Ist das eine Definition deiner selbst? Ja. Wo immer du einen Teil von dir definierst, wird das der Ort, wo du nicht alles von dir sein kannst.

> Wie viele Definitionen verwendest du, um das Geld zu vermeiden, das du wählen könntest? Alles, was das ist, mal Gottzillionen, zerstörst und unkreierst du das alles? Right and Wrong, Good and Bad, POD and POC, All 9, Shorts, Boys, and Beyonds.

Wenn du Geld werden möchtest, musst du bereit sein, das zu sein, was Geld kreiert, anstatt das, was dich unrecht haben lässt.

Nehmen wir an, du bist daran interessiert, mit Schmuck als einer Verdienstmöglichkeit zu spielen. Was müsstest du sein, um es für die Leute so freudvoll zu machen, bei dir zu kaufen, dass sie feststellen, dass es mit Leichtigkeit geschieht? Anstatt zu versuchen, die Leute davon zu überzeugen, dass sie etwas kaufen sollen, wie wäre es, wenn du das *bist*, was ihnen erlaubt es zu kaufen? Dies gilt übrigens auch für jeden Access-Facilitator auf dem Planeten.

Humanoide und Geld

Du musst bereit sein zu sehen, was es für dich kreiert, nicht, was du denkst, dass es für dich kreiert. Die meisten Businesspläne basieren auf einer menschlichen Realität, aber du bist ein Humanoid[2], und Humanoide kreieren aus einer anderen Möglichkeit und einer anderen Realität.

Als Humanoid hast du mehr Interesse an dem, was du kreieren kannst, als an dem Geld, das du durch die Kreation bekommst. Du tust Dinge nicht des Geldes wegen, sondern wegen dem, was kreiert werden könnte. Du kreierst etwas, und wenn jemand sieht, wie

2 Es gibt zwei Spezies an Zweibeinern auf diesem Planeten. Wir nennen sie Menschen und Humanoide (Menschenähnliche). Sie sehen gleich aus, gehen gleich, reden gleich, essen oft gleich, aber die Realität ist, dass sie anders sind. Menschen werden dir immer sagen, wie unrecht du hast und wie recht sie haben und dass du nichts verändern solltest. Sie sagen Dinge wie: „Wir tun sowas nicht, also bemüh dich erst gar nicht“ Das sind diejenigen, die fragen: „Warum änderst du das? Es ist doch gut so, wie es ist.“ Humanoide haben einen anderen Ansatz. Sie schauen sich immer die Sachen an und fragen: „Wie können wir das verändern? Was wird dies besser machen? Wie können wir das übertreffen?“ Das sind die Leute, die die ganzen großartigen Kunstwerke, die großartige Literatur und den großen Fortschritt auf dem Planeten erschaffen haben.

großartig es ist, schenkst du es ihm, anstatt dir dessen gewahr zu sein, was das kreieren wird. So sind Humanoide. Sie sind Idioten, und ich liebe sie! So bin ich, und ich tue das oft.

Wir denken, andere werden etwas empfangen, wenn wir es kostenlos machen, aber im Allgemeinen empfangen Leute das nicht, was nichts kostet. Je teurer es ist, um so mehr Wert hat es für sie. Das ist diese Realität. Deswegen gelten Diamanten als wertvoller als Zirkone. Beide glänzen, beide kommen aus dem Dreck, beide müssen bearbeitet werden, um hübscher auszusehen, aber einer ist sehr viel Geld wert und der andere im Prinzip nichts.

FRAGE VIER: *Was müsste ich berechnen, damit die Leute empfangen, was ich zu geben habe?*

Alles, was das nicht erlaubt, mal Gottzillionen, zerstörst und unkreierst du das alles? Right and Wrong, Good and Bad, POD and POC, All 9, Shorts, Boys, and Beyonds.

FRAGE FÜNF: *Wo habe ich mich geweigert, die wahre Quelle der Veränderung zu sein, die das Gewahrsein der Begrenzung, die ich gewählt habe, eliminiert?*

Was hast du so lebensnotwendig und wertvoll an deinen Definitionen des Empfangens gemacht, die dich davon abhalten, tatsächlich das zu sein, was empfangen kann? Alles, was das ist, mal Gottzillionen, zerstörst und unkreierst du das alles? Right and Wrong, Good and Bad, POD and POC, All 9, Shorts, Boys, and Beyonds.

Was weigerst du dich zu sein, das du tatsächlich sein könntest, das, wenn du es tatsächlich wärst, dir erlauben würde, alles zu haben, was du gerne haben würdest und nicht sein, tun, haben, kreieren und generieren kannst?

> Alles, was das ist, mal Gottzillionen, zerstörst und unkreierst du das alles? Right and Wrong, Good and Bad, POD and POC, All 9, Shorts, Boys, and Beyonds.

Die meisten Menschen sind nicht bereit, ein Leben zu haben, das einfach ist. Sie sind nicht bereit, das Maß an Leichtigkeit in ihrer Welt zu fordern und empfangen, das ihr Leben kreieren wird.

Ein Access-Facilitator erzählte mir: „Wenn ich einen Kurs kreiere, habe ich manchmal die Ansicht, dass ich einen gewissen Geldbetrag erhalten muss, damit er kreiert wird. Wenn ich diese Ansicht zerstöre und unkreiere und Spaß habe und die Freude an der Kreation des Kurses erlebe, ist es, als ob das Universum mir Geld und Wohlstand schenkt."

Ich fragte: „Weißt du, was das Wichtigste ist, das du gerade gesagt hast? Du hast die eine Sache benannt, die alles für dich funktionieren lässt und hast sie ignoriert: ‚Wenn ich keine Ansicht habe und Kurse aus der Freude und dem Spaß der Kreation kreiere, schenkt mir das Universum Geld und Wohlstand.' Die Wirklichkeit sieht so aus, dass Geld nur zu den Partys kommt, wo es Bewusstsein und Spaß gibt."

FRAGE SECHS: *Was habe ich so zweckmäßig an Geld gemacht, dass ich nicht den Spaß und die Freude des Geldes haben kann?*

___

___

___

___

___

Die meisten Menschen meinen, der Spaß und die Freude des Geldes bestehe darin, betrunken und zügellos zu werden. Das ist nicht der Spaß und die Freude an Geld. Der Spaß und die Freude an Geld ist die Fähigkeit, die Realität der Menschen mit Geld zu ändern. Was hast du zur Definition von Geld gemacht, das dich davon abhält, es zu haben, zu genießen und über diese Realität hinaus zu kreieren?

FRAGE SIEBEN: *Was habe ich zur Definition von Geld gemacht, das mich davon abhält, es zu haben, zu genießen und über diese Realität hinaus zu kreieren?*

FRAGE ACHT: *Was versuche ich zu kreieren, um zu beweisen, dass ich nicht zu viel Geld habe?*

Wenn du diese Frage zwanzig oder dreißig Mal stellst, wirst du dir dessen gewahr werden, was du tust, um Geld zu vermeiden, anstatt es zu haben.

> Was versuchst du zu kreieren, um zu beweisen, dass du nicht zu viel Geld hast? Alles, was das ist, mal Gottzillionen, zerstörst und unkreierst du das alles? Right and Wrong, Good and Bad, POD and POC, All 9, Shorts, Boys, and Beyonds.

Du möchtest gerade genug haben – aber nicht zu viel – denn wenn du gerade genug hast, kannst du das meiste bekommen, was du möchtest, damit du dir selbst nicht alles versagen musst, aber dir selbst alles zu versagen, erscheint dir auf lange Sicht tatsächlich eine gute Idee zu sein.

> Was versuchst du zu kreieren um zu beweisen, dass du nicht zu viel Geld hast? Alles, was das ist, mal Gottzillionen, zerstörst und unkreierst du das alles? Right and Wrong, Good and Bad, POD and POC, All 9, Shorts, Boys, and Beyonds.

Anstatt gerade genug zu haben, wie wäre es, wenn du etwas kreieren würdest, das jenseits dieser Realität wäre? Über diese Realität hinaus zu kreieren heißt nicht, dich oder irgendetwas zu definieren, was du basierend auf irgendjemand anderes Ansicht tust. Dies ist unerlässlich, wenn du diese Realität verändern möchtest.

Alles, was dir nicht erlaubt, das zu sein, zerstörst und unkreierst du das alles? Right and Wrong, Good and Bad, POD and POC, All 9, Shorts, Boys, and Beyonds.

FRAGE NEUN: *Als was habe ich Geld definiert, das es eigentlich nicht ist?*

Solange du nicht weißt, als was du Geld definierst, kannst du das nicht ungeschehen machen, was eine Begrenzung dessen ist, was du empfängst. Deine Definition von Geld wird zur Begrenzung dessen, was du empfangen kannst. Es wird auch zu dem, von dem du beschlossen hast, es nicht haben zu können. Um etwas zu haben, musst du bereit sein, es zu sein. Wenn du nicht bereit bist es zu sein, kannst du es nicht haben, und wenn du nicht bereit bist, es zu haben, kannst du es nicht sein.

Geld sein

Geld zu sein bedeutet, es niemals als getrennt von dir zu sehen. Es heißt, Geld als etwas zu sehen, das dich mehr liebt als deine Eltern. Geld tut nichts. Es steigert nur deine Fähigkeit, eine andere Wahl zu haben.

FRAGE ZEHN: *Was ist der größte Geldbetrag, der ich bereitwillig sein kann?*

Hast du diese Frage gelesen und gedacht: „Hä?“ Wenn du nicht bereit bist, 100 Millionen Dollar zu *sein*, kannst du nur eine Million Dollar kreieren. Was auch immer du als Jahreseinkommen gehabt hast, ist der größte Geldbetrag, der du bereit bist zu sein. Dein Jahreseinkommen bestimmt den größten Geldbetrag, der du bereit bist zu sein.

Wie kannst du das ändern? Du schaust es dir an und fragst: „Was habe ich als den maximalen Geldbetrag definiert, der ich bereit bin zu sein?“ Egal, welcher Betrag dir einfällt, stelle ihn in Frage. Frage: „Ist das wirklich genug für mich?“

„Welches ist der größte Geldbetrag, der ich bereit bin zu sein?“ ist eine wichtige Frage. Und zwar aus folgendem Grund: Wenn du dir dein Leben anschaust und sagst: „Der größte Geldbetrag, der ich bereit bin zu sein, ist 50.000 oder 100.000 Dollar“, wird das kreieren, was du kreieren möchtest? Nein. Wird dir das die Wahl geben, die eine großartigere Möglichkeit in der Welt kreiert? Nein.

Wenn du nach dem größten Betrag fragst, der du bereit bist zu sein, musst du bereit sein, so viel Geld zu sein. Bist du nicht bereit, ein Multimillionär zu sein?

> Welches ist der größte Geldbetrag, der du bereit bist zu sein? Alles, was das hochgebracht hat, mal Gottzillionen, zerstörst und unkreierst du das alles? Right and Wrong, Good and Bad, POD and POC, All 9, Shorts, Boys, and Beyonds.

Die Fähigkeit zu sein

Der Geldbetrag, der du bereit bist zu sein, bestimmt das Ausmaß an Veränderung, die du in der Welt kreieren kannst. Viele Menschen möchten die Welt verändern, aber sind nicht bereit, der Geldbetrag zu sein, der erforderlich ist, um die Welt zu verändern? Wie wird das funktionieren?

Wir beginnen mit der Entwicklung eines Erholungs- und Ausbildungszentrums in Costa Rica, wohin die Menschen kommen, um zu lernen, mit der Eleganz der Erde zu leben und sie nicht zu missbrauchen. Wusste ich, wie ich dafür zahlen würde? Nein. Wusste ich, wo das Geld herkommen würde? Nein. Wusste ich, dass ich es irgendwie bekommen könnte? Absolut.

Warum wusste ich, dass ich es bekommen könnte? Weil ich weiß, dass das Universum unterstützen möchte, was ich versuche zu kreieren. Dies erlaubt dem Universum eine andere Möglichkeit, und ich bin bereit, alles zu sein, was auch immer es braucht, um eine andere Möglichkeit in der Welt zu kreieren. Und du? Wenn dies erfordert hätte, dass ich sterben muss, um für unser Zentrum in Costa Rica zu zahlen, würde ich das tun. Dies ist eine vollkommen andere Art, die Welt zu betrachten. Wenn ich bereit bin, alles zu sein, was erforderlich ist, um eine andere Möglichkeit zu kreieren, wird das Universum sicherstellen, dass sich das Geld in meinem Leben zeigen kann.

Erkenne, dass, wenn du etwas tust, was das Bewusstsein der Welt unterstützt, das Bewusstsein der Welt dich unterstützt. Wünscht sich das Bewusstsein der Welt, dass du einen BMW hast? Nein. Aber wenn du die Welt mit allem unterstützt, was du tust, und um einen BMW bittest, bekommst du einen BMW.

Geld ist keine Kreationsquelle

Viele Menschen halten Geld für ein Werkzeug der Kreation, aber Geld ist keine Kreationsquelle. *Du* bist die Quelle der Kreation, die Geld kreiert. Geld ist ein fauler Haufen Mist. Es möchte nicht so hart arbeiten. Du hingegen bist kein fauler Haufen Mist. Du arbeitest gerne hart, weil es dich glücklich macht.

Sind Kreation und Kreativität eine Geldquelle? Nein. Geld ist ein Nebenprodukt dessen, was du kreierst. Wenn du isst, kreierst du automatisch Scheiße? Nein. Scheiße ist ein Nebenprodukt des Essens. Dies ist eine widerliche Art, es auszudrücken. Es geht darum, wie du Geld und Veränderung in der Welt mit Geld facilitierst.

FRAGE ELF: *Was kann ich tun oder wählen, das sofort großartigere Möglichkeiten in der Welt kreiert?*

Möglichkeit kommt nicht vom Geld. Es geht darum, was du wählen und tun kannst aufgrund der Wahlen, die großartigere Möglichkeiten kreieren.

FRAGE ZWÖLF: *Was kann ich sein, das ich nicht bin, das, wenn ich es wäre, mein Empfangen weit über diese Realität hinaus exponentiell steigern würde?*

Empfangen kann nur durch das auftreten, was du bereit bist zu sein. Du musst sehr viel mehr sein, als du meinst, tatsächlich sein zu können, um deine Fähigkeit zu empfangen zu steigern.

Ich habe mir Tausende von Dingen angesehen hinsichtlich dessen, wie sie sein dürften, sollten, könnten und müssten. War irgendetwas davon wahr? Nein. Hatte irgendetwas davon eine Bedeutung? Nein.

FRAGE DREIZEHN: *Was habe ich als die Gesamtsumme dessen gewählt, was ich sein, tun, haben, kreieren und generieren kann, das mich weiter in dieser Realität leben anstatt meine Realität haben lässt?*

Zahlen, was immer es braucht, um zu bekommen, was immer du möchtest

Wenn ich beschließe, dass ich etwas kaufen werde oder mir gerne etwas holen würde, weiß ich, dass ich es in irgendeiner zukünftigen Realität haben werde; ich habe nur noch nicht dafür bezahlt. Das Problem für die meisten Leute ist, dass sie, wenn sie noch nicht dafür bezahlt haben, beschließen, es nicht haben zu können. Wenn ich noch nicht für etwas bezahlt habe, frage ich: „Gut, was werde ich sein oder tun müssen, um dies zu kreieren?“

FRAGE VIERZEHN: *Was habe ich beschlossen, das ich in meinem Leben möchte, wofür ich nicht bereit war zu zahlen, das, wenn ich bereit wäre, dafür zu zahlen, sich als meine Realität verwirklichen würde?*

____

____

____

____

____

Wofür hast du beschlossen, nicht bereit zu sein zu zahlen, das, wenn du bereit wärst, dafür zu zahlen, dies zur Verwirklichung bringen würde? Du musst bereit, dafür zu zahlen! Du musst es dir anschauen und sagen: „Ich werde dies haben. Ich weiß, ich habe noch nicht dafür gezahlt, aber ich werde es haben."

Die Leute versuchen immer, Schnäppchen zu finden. Was würde passieren, wenn du bereit wärst, einfach zu zahlen, was auch immer es braucht, um zu bekommen, was auch immer du möchtest? Wofür du nicht bereit bist zu zahlen, wird zu dem Ort, wo du am Ende in anderer Form zahlst.

In den 1930ern produzierten die Chinesen Teppiche für den Export in die Vereinigten Staaten für den Art-Deco-Markt. Sie werden Nichols-Teppiche genannt und sind wunderbar. Ich sah sie das erste Mal vor zwanzig Jahren, und ich dachte, sie sind das Schönste, was ich je gesehen habe. Ich wollte sie. Musste ich einen Teppich haben? Nein. Wollte ich einen? Ja. War ich bereit zu zahlen? Als ich sie mir damals anschaute, kosteten sie etwa 500 Dollar pro Stück. Das war zwanzig Jahre, bevor ich mir einen solchen Teppich leisten konnte. Dann steigerte sich ihr Preis auf 1.700 Dollar. Heute kosten sie um die 3.500 Dollar – und ich habe mehrere davon in meinem Haus.

> Was hast du beschlossen, in deinem Leben zu wollen, von dem du beschlossen hast, nicht bereit zu sein, dafür zu zahlen, das, wenn du bereit wärst, dafür zu zahlen, es verwirklichen würde? Alles, was das ist, mal Gottzillionen, zerstörst und unkreierst du das alles? Right and Wrong, Good and Bad, POD and POC, All 9, Shorts, Boys, and Beyonds.

Dies sind deine Fragen für Kapitel eins.

Ich schlage vor, dass du sie in ein paar Wochen wiederholst. Und nach ein einigen weiteren Wochen noch einmal. Wiederhole die FRAGEN zehn, zwölf oder fünfzehn Mal, bis du das Gewahrsein erlangst von: „Wow! Ich habe jetzt eine vollkommen andere Realität!" Diese neue Realität wird beginnen, sich auf Arten in deinem Leben zu zeigen, die du nie erwartet hättest.

Jetzt hast du all deine Ausreden verloren. Was wird deine Rechtfertigung sein, diese Fragen nicht zu beantworten?

ARBEITSBUCH: FRAGEN KAPITEL EINS

FRAGE EINS: *Was weigere ich mich zu sein, das, wenn ich es sein würde, zuviel Geld in meinem Leben kreieren würde?*

FRAGE ZWEI: *Wie wäre es, wenn ich in alle Ewigkeit 100 Millionen Dollar im Jahr hätte?*

FRAGE DREI: *Wie viel Zweifel verwende ich, um den Mangel an Geld zu kreieren, den ich wähle?*

FRAGE VIER: *Was müsste ich berechnen, damit die Leute empfangen, was ich zu geben habe?*

FRAGE FÜNF: *Wo habe ich mich geweigert, die wahre Quelle der Veränderung zu sein, die das Gewahrsein der Begrenzung, die ich gewählt habe, eliminiert?*

FRAGE SECHS: *Was habe ich so zweckmäßig an Geld gemacht, dass ich nicht den Spaß und die Freude des Geldes haben kann?*

FRAGE SIEBEN: *Was habe ich zur Definition von Geld gemacht, das mich davon abhält, es zu haben, zu genießen und über diese Realität hinaus zu kreieren?*

FRAGE ACHT: *Was versuche ich zu kreieren, um zu beweisen, dass ich nicht zu viel Geld habe?*

FRAGE NEUN: *Als was habe ich Geld definiert, das es eigentlich nicht ist?*

FRAGE ZEHN: *Was ist der größte Geldbetrag, der ich bereitwillig sein kann?*

FRAGE ELF: *Was kann ich tun oder wählen, das sofort großartigere Möglichkeiten in der Welt kreiert?*

FRAGE ZWÖLF: *Was kann ich sein, das ich nicht bin, das, wenn ich es wäre, mein Empfangen weit über diese Realität hinaus exponentiell steigern würde?*

FRAGE DREIZEHN: *Was habe ich als die Gesamtsumme dessen gewählt, was ich sein, tun, haben, kreieren und generieren kann, das mich weiter in dieser Realität leben anstatt meine Realität haben lässt?*

FRAGE VIERZEHN: *Was habe ich beschlossen, das ich in meinem Leben möchte, wofür ich nicht bereit war zu zahlen, das, wenn ich bereit wäre, dafür zu zahlen, sich als meine Realität verwirklichen würde?*

KAPITEL ZWEI

WAS WÄRE, WENN ES BEI ALLEM UM DIE MÖGLICHKEIT UND NIEMALS UM DAS PROBLEM GINGE?

Die meisten von uns suchen eher nach dem Problem als der Möglichkeit, ob es nun um Geld oder irgendetwas anderes geht. Wir haben eine Tendenz zu denken: „Ich muss dieses Problem in den Griff bekommen." Was aber wäre, wenn es bei allem um die Möglichkeit und niemals um das Problem ginge?

Beim Geld sollte es immer um die Möglichkeit und nie um das Problem gehen, denn wenn du nach dem Problem suchst, wirst du immer das Problem kreieren, um die Möglichkeit zu kreieren.

Die Leute sagen: „Ja, aber wenn unsere finanziellen Bedürfnisse nicht gedeckt werden, scheint das ein Problem zu sein."

Ich frage: „Ist es wirklich möglich, dass eure grundlegenden finanziellen Bedürfnisse nicht abgedeckt werden? Oder ist das eine Lüge, die ihr aus jemand anderes Universum abkauft?"

Was ist der Zweck von Geld?

Ein Kursteilnehmer, der diese Fragen durchnahm, sagte: „Mir wird bewusst, wo ich Ansichten über Geld in meinem Körper eingeschlossen habe."

Ich erwiderte: „Alles, was Geld ist, hat mit deinem Körper und der Art, wie du deinen Körper benutzt, zu tun."

Was ist der Zweck von Geld? Ist es dazu da, es dir, dem Wesen, leichter zu machen? Oder ist es da, um es *deinem Körper* leichter zu machen? Braucht ein Wesen ein Haus zum Leben? Nein. Braucht ein Körper ein Haus zum Leben? Ja.

Braucht ein Wesen ein Auto, um sich fortzubewegen? Nein. Braucht ein Körper dies? Ja. Braucht ein Wesen Kleidung, um sich anzuziehen? Nein. Braucht dies ein Körper? Ja. Der Zweck von Geld ist, es deinem Körper leichter zu machen.

Du musst dir das anschauen und fragen: „Macht Geld es meinem Körper leichter und wird das mehr kreieren?" Wir haben eine Trennung zwischen uns und unseren Körpern kreiert, um kein Geld in unserem Leben zu kreieren.

> Jede Lüge, die du abgekauft hast, um eine Trennung zwischen dir und deinem Körper zu kreieren, um kein Geld zu kreieren, zerstörst und unkreierst du sie alle? Right and Wrong, Good and Bad, POD and POC, All 9, Shorts, Boys, and Beyonds.

FRAGE EINS: *Macht Geld es meinem Körper leichter und wird das mehr kreieren?*

Wir haben die Ansicht, dass wir gemeinsam mit unserem Körper in diesem Geldspiel stecken, aber eigentlich ist es unser Körper, der bei diesem Geldspiel mitmacht.

FRAGE ZWEI: *Welchen Teil des Geldspieles spiele ich mit meinem Körper, und welchen Teil verliere ich mit meinem Wesen?*

Wir tendieren dazu zu glauben, dass wir unsere Seele oder unser Wesen haben, und dass wir unseren Körper haben, und dass unser Körper sich gemäß dem Wesen verändern und anpassen sollte, aber so funktioniert es nicht. Wenn wir mit unserem Körper funktionieren würden, könnten wir das Geldspiel mit Leichtigkeit gewinnen.

> Weigerst du dich, das Geldspiel mit Leichtigkeit zu gewinnen, indem du dich von deinem Körper abtrennst, um den Verlust von Geld in dieser Realität zu kreieren? Alles, was das ist, mal Gottzillionen, zerstörst und unkreierst du das alles? Right and Wrong, Good and Bad, POD and POC, All 9, Shorts, Boys, and Beyonds.

Wenn du das Geldspiel mit deinem Körper spielst, merkst du, dass der Zweck des Geldes darin besteht, es deinem Körper angenehm zu machen. Machst du es deinem Körper angenehm mit dem, was du wählst? Oder versuchst du, es dir bequem zu machen mit dem, was du wählst?

Die meisten Menschen versuchen, es sich bequem zu machen mit dem, was sie wählen. Das bedeutet, dass man verliert, denn man kann es sich als unendlichem Wesen nicht bequem machen. Unendlichen Wesen ist es nicht unbequem; sie sind ausgedehnt.

Was du mit deinem Leben machst, sollte für deinen Körper angenehm sein. Ich habe zum Beispiel ein wirklich bequemes Bett. Es liegt ein schönes Kissen darauf, ich habe eine 7,5 cm dicke orthopädische Matratze mit einer 10 cm dicken Daunenmatratze darauf. Ich liebe es, in mein Bett zu gehen! Du verbringst jeden Tag acht Stunden im Bett. Das sollte wirklich ein bequemer Ort sein.

Sei jemand, der gerne Komfort hat, denn dein Körper wünscht sich Komfort. Ich hatte Leute zu Besuch, die meinten: „Ach, kein Problem. Ich schlafe auf dem Boden." Warum solltest du je auf einem verflixten Boden schlafen? Da steht doch ein Bett! Ich sehe, wie Menschen ihre übergewichtigen Körper in Elastan stecken. Das kann einfach nicht bequem sein. Sie tun das, weil sie denken, es lässt sie gut aussehen. Ihr Wesen fühlt sich besser bei dem Gedanken, dass sie ihren Körper schlanker aussehen lassen. Wie wäre es, wenn du einfach deinem Körper erlaubtest, leichter zu sein, weil dies das ist, was für ihn funktioniert?

Dies ist ein Anerkennen dessen, was ist. Geld ist für dich nicht dasselbe wie für deinen Körper. Brauchst du als Wesen Geld? Nein. Brauchst du als Körper Geld? Ja. Du als Körper magst Geld. Dir als Wesen ist es egal. Die meisten Menschen sind nicht bereit, dies anzuerkennen. Du gewinnst das Spiel der Möglichkeiten nicht, weil du nicht nach dem schaust, was wirklich eine andere Möglichkeit kreieren wird.

> Wie viel Geld benutzt du, um die Begrenzungen dieser Realität zu bestätigen, die dich davon abhalten, darüber hinaus zu leben? Alles, was das ist,

mal Gottzillionen, zerstörst und unkreierst du das alles? Right and Wrong, Good and Bad, POD and POC, All 9, Shorts, Boys, and Beyonds.

Was bist du nicht bereit, dir selbst über Geld zu erzählen, das dich, wenn du es dir tatsächlich selbst erzählen würdest, frei machen würde dafür, mehr Geld zu haben, als du für möglich hältst? Alles, was das ist, mal Gottzillionen, zerstörst und unkreierst du das alles? Right and Wrong, Good and Bad, POD and POC, All 9, Shorts, Boys, and Beyonds.

Hast du beschlossen, du stellst dich dumm an mit Geld?

Die Leute haben oft Reaktionen, wenn sie Geld ausgeben. Sie sagen: „Oh! Jetzt werde ich nicht genug haben“ oder „Dies ist alles, was ich gerade habe.“ Sie funktionieren aus einer weniger-als-gewahren Ansicht, was Dummheit ist. Du kannst fragen: „Wie kann ich noch dümmer mit Geld werden, als ich derzeit bin?“

Der Grund, warum du ein Problem damit hast, Geld auszugeben, der Grund, warum du ein Problem damit hast, Geld zu haben, der Grund, warum du ein Problem mit egal was im Zusammenhang mit Geld hast, liegt darin, dass du beschlossen hast, dich dumm mit Geld anzustellen.

FRAGE DREI: Wie kann ich noch dümmer werden mit Geld, als ich derzeit bin?

Wenn du zu McDonald’s gehst, weil du denkst, es müsse gut sein, weil es billig ist, bist du a) ein Idiot, b) dumm und c) verrückt. Ich gehe lieber in ein gutes Restaurant und kaufe eine Vorspeise für zehn Dollar als zu McDonald’s, um einen Hamburger, Pommes, einen Cookie und eine ihrer Limonaden für zehn Dollar zu kaufen. Ich bin lieber von der Freude des Essens gesättigt als durch einen vollen Magen. Die meisten Menschen versuchen, das aufzufüllen, was sie leer nennen, anstatt das zu kreieren, was jenseits von leer möglich ist. Leer ist die Lüge dieser Realität.

FRAGE VIER: *Was habe ich als einen vollen Magen definiert anstatt der Sättigung der Möglichkeiten, was mich davon abhält, das Geld zu haben, das ich wirklich gerne hätte?*

____

____

____

____

____

> Strebst du einen vollen Magen anstatt der Sättigung der Möglichkeiten an? Alles, was das ist, mal Gottzillionen, zerstörst und unkreierst du das alles? Right and Wrong, Good and Bad, POD and POC, All 9, Shorts, Boys, and Beyonds.

Kannst du wirklich leer sein? Nein. Kannst du Raum sein? Ja. Hast du Raum als *leer* definiert, oder *leer* als *Mangel*?

> Überall, wo du *leer* als *Mangel* definiert hast, zerstörst und unkreierst du das alles? Right and Wrong, Good and Bad, POD and POC, All 9, Shorts, Boys, and Beyonds.
>
> Was hast du als vollen Magen definiert, was nicht die Sättigung der Möglichkeiten ist? Alles, was das ist, mal Gottzillionen, zerstörst und unkreierst du das alles? Right and Wrong, Good and Bad, POD and POC, All 9, Shorts, Boys, and Beyonds.

Überzeugungen

Die Leute sagen mir, diese Realität erfordere einen Austausch von Geld gegen Dinge. Ich frage: „*Erfordert* diese Realität einen Austausch von Geld? Oder *glaubt* diese Realität, man brauche einen Austausch von Geld?" Sie glaubt, du brauchst einen Austausch von Geld.

> Wie viele Überzeugungen benutzt du, um das Geld zu eliminieren, das du wählen könntest? Einige Tausend, einige Milliarden, eine Trillion, eine Gottzillion, oder mehr? Alles, was das ist, zerstörst und unkreierst du das alles? Right and Wrong, Good and Bad, POD and POC, All 9, Shorts, Boys, and Beyonds.

Ist dir aufgefallen, dass beim Lesen dieser Fragen alle möglichen seltsamen Energien hochkommen? Jede Überzeugung erfordert, dass du eine seltsame Energie nimmst und sie zu etwas verdrehst, was sie nicht ist, ganz besonders im Hinblick auf Geld. Wie viele Überzeugungen benutzt du, um das Geld zu eliminieren, das du wählen könntest? Ist es nicht interessant, dass du gerne Geld aus deinem Leben eliminierst? Es gefällt dir, es nicht zu haben. Nicht, dass du das jemals zugeben würdest.

Warum solltest du das tun? Um zu glauben, du könntest wie ein endliches Wesen in einer endlichen Realität mit begrenzten Fähigkeiten und endlichen Geldflüssen leben, musst du totales Sein eliminieren.

> Alles, was das ist, mal Gottzillionen, zerstörst und unkreierst du das alles? Right and Wrong, Good and Bad, POD and POC, All 9, Shorts, Boys, and Beyonds.

Der Versuch dazuzugehören

Jemand erzählte mir, dass sie jedes Mal, wenn sie diese Fragen durchging, immer wieder auf Begrenzungen stieß, die damit zu tun hatten, dass sie versuchte dazuzugehören und sich nicht abzuheben. All unsere Begrenzungen in Bezug auf Geld drehen sich um dazugehören oder hineinpassen, sich nicht abheben und nicht anders sein. Dieselbe Person meinte, dass die Sachen, die bei ihr hochkamen, wie eine Entschuldigung für ihre Existenz seien.

> Alles, was du getan hast, um das Leben wie einen buchstäblichen Verstoß gegen das Sein aufzufassen, zerstörst und unkreierst du das alles? Right and Wrong, Good and Bad, POD and POC, All 9, Shorts, Boys, and Beyonds.

Ich sagte: „Das ist, wo du fragen musst: ‚Und wie viel verrückter kann ich noch sein?' Wenn du merkst, dass du verrückte Sachen machst und sagst: ‚Wow, das war verrückt!', versuche nicht, das Verrückte zu stoppen. Frage: ‚Wie viel verrückter kann ich noch sein?'"

> Welche Energie, welcher Raum und welches Bewusstsein kann ich sein, um als Geld in alle Ewigkeit außer Kontrolle, außer Definition, außer Begrenzung, außer Form, Struktur und Bedeutsamkeit, außer Linearität und außer Konzentrizität zu sein? Alles, was dem nicht erlaubt, sich zu zeigen, mal Gottzillionen, zerstörst und unkreierst du das alles? Right and Wrong, Good and Bad, POD and POC, All 9, Shorts, Boys, and Beyonds.

Du versuchst, das zu vermeiden, was wirklich funktionieren wird, um zu beweisen, dass dein Leben nicht funktioniert.

> Welche Energie, welchen Raum und welches Bewusstsein benutzt du, um das Leben zu kreieren, das nicht funktioniert, das du wählst? Alles, was das ist, mal Gottzillionen, zerstörst und unkreierst du das alles? Right and Wrong, Good and Bad, POD and POC, All 9, Shorts, Boys, and Beyonds.

Hier kannst du nicht auschecken. Du musst damit anfangen zu sehen, was für dich wahr ist und was eine andere Realität kreieren würde.

Geldprobleme sind keine Realität

Eine Dame sagte mir, dass sie, wenn sie die Frage: „Wie wäre es, wenn ich in alle Ewigkeit 100 Millionen Dollar pro Jahr hätte?" stellte, immer wieder die Antwort bekam, dass es nichts zu richten und nichts zu erträumen geben würde. Es würde nur Tod und Verzweiflung geben.

Ich sagte: „Wenn du in alle Ewigkeit 100 Millionen Dollar im Jahr hättest, würde nichts davon eine Rolle spielen. Was würdest du dann kreieren wollen?" Geldprobleme sind die Kreation eines Problems; sie sind keine Realität. Du kreierst sie, um keine Leichtigkeit damit zu haben, über irgendjemand anderes Realität hinaus zu kreieren. Es ist, als ob du nicht alleine leben möchtest. Du möchtest lieber eine richtig schlechte Beziehung, damit du dich schlecht fühlen kannst.

FRAGE FÜNF: *Wenn ich keine Geldprobleme hätte, was würde ich kreieren?*

____

____

____

____

____

Die Dame, mit der ich sprach, meinte auch: „Wenn ich sage, ich hätte nichts mehr, wovon ich träumen könnte, ist da auch das Element von Keine-Wahl, denn mit 100 Millionen Dollar im Jahr könnte ich nicht ich sein. Das Geld wäre mehr als ich."

Hast du eine Definition von *dir*, die dich nach der Menge an Geld definiert, die du derzeit hast? Solange Geld wertvoller ist als du, kannst du dann Bewusstsein wählen? Nein.

> Vermeidest du das Bewusstsein, das du wählen könntest, durch das Geld, das du definierst haben zu können? Alles, was das ist, mal Gottzillionen, zerstörst und unkreierst du das alles? Right and Wrong, Good and Bad, POD and POC, All 9, Shorts, Boys, and Beyonds.

FRAGE SECHS: *Als was habe ich mich definiert, das auf dem Geld basiert, das ich derzeit habe?*

____

____

____

____

____

Wenn du deine Realität jenseits irgendjemandes anderen Realität kreieren müsstest, was würde dann geschehen? Du müsstest dahin kommen, dass dein Hirn zum Mittagessen ausgeht und die Möglichkeiten beginnen, die Begrenzungen deiner Realität zu verzehren, sodass du anfängst, eine Realität zu kreieren, die wirklich für dich funktioniert. Sei bereit, das Gewahrsein dieser Möglichkeiten zu sein.

Frage: „Was muss ich tun oder was muss ich sein, das dies mit absoluter Leichtigkeit verwirklichen würde?" Du wählst, gewahr zu sein, aber anstatt wirklich gewahr zu sein, versuchst du immer noch zu sehen, dass noch etwas anderes erforderlich ist, dass etwas anderes angemessen ist oder etwas anderes geschehen muss.

Es heißt nicht: „Etwas anderes muss geschehen," sondern: „Was muss ich sein oder tun, um dies zu verwirklichen?"

Ein Mann erzählte mir: „Ich kann den Raum wahrnehmen, der ich bin, wenn ich um unendliche Möglichkeiten bitte und sie einlade, und dann fängt mein Verstand an, über Geld nachzudenken. Er denkt an die Zahlen und wie viel ich kreieren muss. Er übernimmt einfach die Führung. Es ist wie ein Autoresponder. Ich weiß nicht, was ich da wählen oder ändern kann."

Ich sagte: „Dein Verstand ist immer ein Autoresponder. Das ist alles, was er ist. Dein Verstand kann nichts anderes als automatisch reagieren. Warum solltest du auf ihn hören?"

Er sagte: „Schon, aber woher soll ich wissen, wie viel ich kreieren muss?"

Ich meinte: „Du versuchst, zu einer Schlussfolgerung zu gelangen. Du versuchst nicht zu wissen."

Er entgegnete: „Das stimmt. Also, wenn ich den Betrag, den ich gerne jeden Monat hätte, erkenne, frage ich dann einfach, was es brauchen würde, damit sich das zeigt?"

Ich sagte: „Ja. Frage: ‚Was kann ich sein, tun, haben, kreieren oder generieren, das dem erlauben würde, sich zu zeigen?'"

Bittest du jemals das Bewusstsein des Universums, dir beizutragen?

Das Universum ist für dich da, wenn du es darum bittest, dir alles zu schicken, was du brauchst. Du musst es darum bitten, dir beizutragen. Bittest du jemals das Bewusstsein des Universums, dir beizutragen? Nein, nie. Du bittest darum, dass eine dumme Person kommt und dir sagt, was du tun sollst. Du bittest um jemanden, der mehr weiß als du. Du bittest um alles, außer darum, dass das Bewusstsein, das in jeder Hinsicht mehr weiß als du, tatsächlich liefert. Was würde geschehen, wenn du bereit wärst, das zu haben?

Jemand sagte zu mir: „Du sagst, du habest eine finanzielle Realität jenseits dessen kreiert, was die meisten Leute je haben werden. Ist es da, wo du weißt, dass das Universum für dich da ist und mehr unterwegs ist — weil das Universum das unterstützt, was du kreierst?"

Ich meinte: „Ich weiß, dass ich für mich da bin und das Universum dies auch sein wird, weil ich für mich da bin. Ich weiß, dass ich nicht bereit bin aufzugeben und solange ich dazu nicht bereit bin, ist es das Universum auch nicht."

Geld ist etwas, was du verwenden kannst, um die Realität von Menschen zu verändern

Du musst dir diese Dinge anschauen. Wenn du irgendetwas mit Geld vorhast, frage: „Wie wird dies die Realität verändern?" Das ist die Frage, als die du leben solltest. Frage: „Was wird durch das Geld kreiert? Was wird es verändern?"

Heute haben Dain und ich in einem unserer Lieblingsrestaurants zu Mittag gegessen. Die Wirtin dort liebt uns. Sie lächelt uns an und kümmert sich um uns. Wenn Dain reinkommt, wird sie zu einer sehr glücklichen Person. Sie schaut ihn mit Lust in ihren Augen an. Als ich heute ging, gab ich ihr ein Trinkgeld von 40 Dollar. Niemand gibt einer Wirtin ein Trinkgeld. Das tut man einfach nicht. Habe ich ihre Realität mit einem 40-Dollar-Trinkgeld verändert? Absolut.

Geld ist etwas, das man verwendet, um die Realität von Menschen zu verändern. Welchen Geldbetrag könntest du verwenden, um jemandes Realität zu verändern? Ich habe die Geschichte schon tausend Mal erzählt, als ich in ein Restaurant ging und eine Tasse Kaffee und einen Donut bestellte. Die Frau, die mich bediente, war langsam und unsicher. Es war ihr erster Tag bei der Arbeit, und sie hatte vorher nie als Kellnerin gearbeitet. Es fiel ihr schwer. Die Rechnung belief sich auf 6 Dollar. Ich ließ 12 Dollar auf dem Tisch für sie. Sie lief hinter mir her, als ich ging und sagte: „Mein Herr, Sie haben mir zu viel Geld gegeben."

Ich sagte: „Nein, das ist eine Anerkennung, dass Sie die Arbeit machen und überleben werden und alles gut wird. Machen Sie sich keine Gedanken und alles wird gut." Die Veränderung in ihrer Welt wegen sechs lumpiger Dollar war dynamisch. Es ging nicht um den Betrag. Es war der Gedanke. Du musst in jedem Moment fragen: „Wie kann ich das Geld, das ich habe, nutzen, um genau jetzt eine andere Realität für jemanden zu kreieren?" Du musst bereit sein, dir das anzuschauen, denn der Zweck von Geld besteht nicht darin, mehr von dem Zeug zu haben, das du meinst, besitzen zu müssen.

Wie möchtest du dein Leben leben?

Jemand sagte zu mir: „Ich habe in einer kurzen Zeitspanne erlebt, wie es ist, ein Multimillionär und auch bankrott zu sein, und ich erkenne nicht, was ich getan habe, um das eine oder das andere zu haben."

Ich sagte: „Es ist nicht das eine oder das andere. Die Frage lautet: ‚Welches davon macht mehr Spaß?' Geld zu sein hat mehr Leichtigkeit, als Armut zu sein. Es hat mehr Leichtigkeit, weil es mehr *du* ist. Die meisten Leute wollen das nicht verstehen. Was wäre, wenn du bereit wärst, dieses Ausmaß an Geld im Leben zu sein? Was könntest du als deine Realität kreieren?"

Du musst dir anschauen, wie du dein Leben leben möchtest, denn sobald du beginnst, dein Leben zu kreieren, fängt das Universum an, dir zu liefern. Als ich jung und dumm war und kein Geld hatte, war ich häufig bei einer Tante, die viel Geld hatte. Sie hatte schöne

Dinge, sie hatte schöne Teppiche, sie hatte schönes Porzellan-, Kristall- und Silbergeschirr, von dem sie jeden Tag aß. Das war ihre Realität. Ich sagte: „So möchte ich leben!"

Hatte ich das Geld dazu? Nein. Wusste ich, wie ich das erreichen würde? Nein. Wusste ich, dass ich so leben wollte? Ja. Ich fing an rauszugehen und Sachen für zehn Dollar zu kaufen, die mehr als das wert waren. Ich begann, einen Lebensstil mit schönen Dingen zu kreieren, die ein Indikator dafür waren, wo ich hingehen wollte, Dinge, die jemand besitzen würde, der wahren Wohlstand in seinem Leben hat. Es ging nicht darum, was ich *hatte*; es ging darum, was ich *haben könnte*, wenn ich bereit wäre, dorthin zu gehen. Heute lebe ich in einem Haus voller schöner Dinge von Museumsqualität.

Du musst der Guru deiner eigenen Realität sein. Du bist das einzige überlegene Wesen, das die Realität kreieren wird, die du fähig bist zu kreieren. Wenn du meinst, jemand anderes könne das tun, bist du verrückt. Die eine Sache, die du nicht anschauen möchtest, ist: „Ich bin total dumm, ich bin total verrückt, ich bin komplett durchgeknallt jenseits meiner wildesten Realität."

Das ist es, was ich bin. Aber wegen meiner Verrücktheit, meiner Durchgeknalltheit, meiner Unverfrorenheit, wegen all der Dinge, die ich bereit bin zu sein, habe ich eine finanzielle Realität kreiert, die wenige Menschen auf dem Planeten haben. Versuche zu fragen: „Welche Energie, welcher Raum und welches Bewusstsein kann ich sein, um so dumm und verrückt und unverfroren zu sein, wie ich wirklich bin?"

Über diese Realität hinaus kreieren

Auf diesem Planeten gibt es eine Art, in dieser Realität zu kreieren, die auf Schlussfolgerung basiert.

Das funktioniert bis zu einem gewissen Punkt, aber dann gibt es einen gewissen Punkt, ab dem sie nicht mehr funktioniert. Deswegen musst du über diese Realität hinaus kreieren.

Als ich herausfand, dass Schlussfolgerung eine Art ist, mich zu stoppen, sagte ich: „Sch... drauf. Ich werde nicht in bezug auf irgendetwas schlussfolgern. Ich werde zu allem in der Frage sein." Ich kann es 1.000 Mal sagen und ihr werdet es nie hören. Ihr werdet die Schlussfolgerung immer der Möglichkeit vorziehen. Ihr geht zurück zu einer Schlussfolgerung, weil ihr nicht bereit seid zu fragen: „Welche Frage muss ich sein, um mit absoluter Leichtigkeit eine andere Realität zu kreieren?"

Du musst über diese Realität hinaus kreieren. Schlussfolgerungen funktionieren nur solange, wie du nicht bereit bist, dein Leben über die Realität aller anderen hinaus zu erweitern. Nehmen wir an, du hast eine Million Dollar. Das ist nett — aber was wird es verändern? Werden 10 Millionen eine Menge verändern? Nicht, wenn du sie festhältst. Aber wird eine andere Ansicht die Realität verändern? Ja!

Du musst wählen. Du musst sagen: „Ich werde hierbei nicht zu einer Schlussfolgerung kommen." Die Leute bitten mich zu einer Schlussfolgerung zu kommen und ich sage: „Ich sehe deine Ansicht — und was ist noch möglich? Was hast du nicht in Betracht gezogen? Was ist nicht eingetreten?"

Deine Wahl, dein Gewahrsein und deine Ansicht brauchen kein Geld. Deine Ansicht kann die Realität verändern, dein Geld kann dies nicht. Du musst dir anschauen:

> Welche Ansicht kann ich haben, die mit absoluter Leichtigkeit eine Geldrealität kreieren würde, die großartiger ist als das? Alles, was das ist, mal Gottzillionen, zerstörst und unkreierst du das alles? Right and Wrong, Good and Bad, POD and POC, All 9, Shorts, Boys, and Beyonds.

FRAGE SIEBEN: *Welche Ansicht kann ich haben, die heute eine andere finanzielle Realität für mich kreieren würde?*

Ich sprach mit jemandem, der sagte: „Ein Teil von mir ist frustriert, weil ich nicht bereit bin, zu tun, was es braucht. Ich bin nicht bereit, achtundvierzig Stunden am Tag zu arbeiten, um all das Geld zu machen, das ich mir wünsche. Das klingt nicht nach Spaß. Ich möchte lieber raus und spielen."

Ich fragte: „Was wäre, wenn das, was du tust, um Geld zu kreieren, ein Spiel wäre?" Du möchtest nicht glauben, dass es möglich ist, Spaß mit dem zu haben, was du tust, um Geld zu kreieren."

Die Menschen schauen sich an, was ich tue, und sagen: „Wie kannst du so viel arbeiten?" Ich antworte: „Weil es Spaß macht!"

Dain war gestern bis um 2 Uhr wach und kümmerte sich um Sachen für unser Business. Er hat gemeckert, es aber auch genossen. Woher ich weiß, dass er es genossen hat? Weil er weitermachte, als er die Gelegenheit hatte, es nicht zu tun. Meckern macht auch Spaß. Sich beschweren macht Spaß. Seht ihr das? Es macht Spaß zu nörgeln.

Die Quelle der Möglichkeiten vergiften

Wenn dir die Leute erzählen: „Du kannst das nicht machen", ist das ein Vergiften des Brunnens. Wenn Leute sagen: „Das kann nicht möglich sein", ist das ein Vergiften des Brunnens. Und die Quelle ist das Lebenselixier der Möglichkeiten.

> Gab es Menschen, die die Quelle der Möglichkeiten vergiftet haben, die du nie anerkannt hast? Alles, was du getan hast, um diese Vergiftung irgendwie real zu machen, zerstörst und unkreierst du das alles? Right and Wrong, Good and Bad, POD and POC, All 9, Shorts, Boys, and Beyonds.

Wir hatten einen IT-Spezialisten, der IT-Sachen für Access kreieren sollte. Er sagte mir, dass das, was eine meiner Freundinnen für unser IT-Element kreiert hatte, absoluter Mist und völlig unbrauchbar sei. Dann benutzte er es 12 Monate lang. Ich schaute mir das an und sagte: „Er versucht, mich gegen sie aufzubringen! Kreiert das mehr Möglichkeit oder weniger Möglichkeit?"

Als mir das klar wurde, hat dies etwas anders kreiert? Ja. Zum einen hat es mir eine Freundin zurückgegeben. Ich musste nicht glauben, sie habe etwas gegen mich getan. Leute wie dieser IT-Mensch machen solche Sachen, um dich gegen andere aufzubringen.

> Überall, wo du gegen diejenigen aufgehetzt wurdest, die mehr Möglichkeiten kreieren werden, zerstörst und unkreierst du das alles? Right and Wrong, Good and Bad, POD and POC, All 9, Shorts, Boys, and Beyonds.
>
> Wie oft, an wie vielen Orten und in wie vielen Formen und Ereignissen wurdest du gegen andere aufgehetzt, um dich davon abzuhalten, die Genialität der Verbindung zu haben, die dich immer unterstützen wird? Alles, was das ist, mal Gottzillionen, zerstörst und unkreierst du das alles? Right and Wrong, Good and Bad, POD and POC, All 9, Shorts, Boys, and Beyonds.

Nehmen wir an, jemand sagt dir: „Ich glaube, deine Frau betrügt dich." Vergiftet das die Quelle deiner Zuneigung? Komplett.

Wenn jemand dir sagt: „Diese Person ist nicht dein Freund.", sagst du dann: „Doch, das ist er."? Oder sagst du: „Oh, ich bin mir nicht sicher." oder „Ich muss ihm dazu Fragen stellen."? Oder kreierst du eine Trennung von dieser Person, um zu glauben, dass das, was dir gesagt wurde, wahr ist?

Als Dain zu Access kam, erzählten mir die Leute: „Er wird all deine Kunden stehlen und dich im Stich lassen." Ich schaute mir das an und sagte: „Nein, das stimmt nicht." Dann sagte ich: „Okay, stiehl meine Klienten. Mag ich sie alle genug, um an ihnen festzuhalten? Nein. Stiehl sie nur." Und natürlich hat Dain alle meine Klienten gestohlen und ist abgehauen ... eben nicht.

Du musst bereit sein, dir etwas anzusehen und zu sagen: „Das ist nicht wahr." Würde dein Mann oder deine Frau dich betrügen? Ja. Unter welchen Bedingungen? Wenn du die Quelle deiner eigenen Möglichkeiten vergiftet hättest. Die Orte, wo du dein Gewahrsein abschneidest, sind die Orte, wo du die Quelle der Möglichkeiten vergiftest.

Ich sprach mit einer Dame, die sagte: „Meine Familie gab mir Geld und ich empfing es und dann sagten sie mir, ich könne nicht mit Geld umgehen, weil ich das Geld empfangen habe. Es ist, als hätten sie die Quelle meines Empfangens vergiftet."

> Wie viele Vergiftungen der Quelle deines Seins benutzt du, um dein Empfangen zu begrenzen? Alles, was das ist, mal Gottzillionen, zerstörst und unkreierst du das alles? Right and Wrong, Good and Bad, POD and POC, All 9, Shorts, Boys, and Beyonds.

Okay, dies ist das Ende von Kapitel zwei. Bitte macht die Fragen von Kapitel eins noch einmal. Und dann beantworte die folgenden Fragen aus diesem Kapitel.

ARBEITSBUCH: FRAGEN
KAPITEL ZWEI

FRAGE EINS: *Macht Geld es meinem Körper leichter und wird das mehr kreieren?*

FRAGE ZWEI: *Welchen Teil des Geldspieles spiele ich mit meinem Körper, und welchen Teil verliere ich mit meinem Wesen?*

FRAGE DREI: *Wie kann ich noch dümmer mit Geld werden, als ich derzeit bin?*

FRAGE VIER: *Was habe ich als einen vollen Magen anstatt der Sättigung der Möglichkeiten definiert, was mich davon abhält, das Geld zu haben, das ich wirklich gerne hätte?*

FRAGE FÜNF: *Wenn ich keine Geldprobleme hätte, was würde ich kreieren?*

FRAGE SECHS: *Als was habe ich mich definiert, das auf dem Geld basiert, das ich derzeit habe?*

FRAGE SIEBEN: *Welche Ansicht kann ich haben, die heute eine andere finanzielle Realität für mich kreieren würde?*

KAPITEL DREI

DIR SELBST VERTRAUEN

Manchmal sagen mir die Leute, sie vertrauten sich selbst nicht. Aber wenn du dir selbst nicht vertraust, wie wirst du dann je Geld haben oder irgendetwas empfangen? Wenn du die Lüge davon abkaufst, dir selbst nicht zu vertrauen, kaufst du auch die Lüge ab, nicht darauf zu vertrauen, dass das Universum einen Beitrag leistet oder für etwas sorgt. Du bist nicht bereit, Teil des Universums zu sein, dem man vertrauen kann.

> Was hast du so lebensnotwendig daran gemacht, dir niemals zu vertrauen, was dich ewig nach der Notwendigkeit suchen lässt, dich zu zerstören und dich nie zu retten? Alles, was das ist, mal Gottzillionen, zerstörst und unkreierst du das alles? Right and Wrong, Good and Bad, POD and POC, All 9, Shorts, Boys, and Beyonds.

FRAGE EINS: *Welchem Teil des Universums kann ich vertrauen? Und welchem Teil von mir vertraue ich nicht?*

Wenn du anfängst, diese beiden Fragen zu betrachten, wirst du viele Antworten dazu bekommen, wo du stehst. Vertraust du dir selbst? Weißt du, wer du bist? Nein. Warum? Weil du wie ein Tag bist. Weil du nie zwei Mal derselbe bist. Du veränderst dich jeden Tag, wie kannst du also darauf vertrauen, dass du derselbe sein wirst? Das geht nicht, und die Leute mögen es nicht, wenn du nicht gleich bist. Sie möchten, dass du beständig bist. Sie schauen sich das Leben aus der Ansicht an, dass es jemanden vertrauenswürdig macht, wenn er nie aus der Box hinausgeht und nie anders ist. Sie vertrauen dir nicht, wenn du dich immer weiter veränderst. Selbst, wenn du vertrauenswürdig bist und für jemanden da bist, werden sie das nicht sehen können. Sie können nur sehen, dass du dich veränderst und werden schlussfolgern, du seist nicht vertrauenswürdig.

Es ist ein Problem, dass du versuchst, die Schlussfolgerungen anderer Menschen zu verwenden, um festzulegen, was dir entspricht. Du zweifelst dich selbst an, weil du wahrnimmst, dass der andere dir nicht vertraut. Du versuchst, dich so zu verändern, dass man dir vertraut, aber du änderst dich ständig, also wird man es nie tun.

Warum solltest du anstreben, dass dir jemand vertraut? Warum solltest du nicht dir vertrauen? Wenn du dir selbst nicht vertraust, wie möchtest du da je Geld haben oder irgendetwas empfangen?

> Was hast du so lebensnotwendig daran gemacht, niemals dir selbst zu vertrauen, was dich ewig nach der Notwendigkeit suchen lässt, dich zu zerstören und dich nie zu retten? Wenn du dich selbst nicht retten kannst, kannst du kein Geld sparen, denn du musst Geld sein, um Geld zu haben. Alles, was das ist, und unkreierst du das alles? Right and Wrong, Good and Bad, POD and POC, All 9, Shorts, Boys, and Beyonds.

Macht kommt nicht von Beständigkeit

Die meisten von uns hatten Eltern, die uns erzählt haben: „Du musst beständig sein." Musst du wirklich beständig sein? Nein. Was musst du sein? Du musst unbeständig sein. Wenn du versuchst, beständig zu sein, wirst du alles, was du tust und wählst, bewerten.

Versuchst du, mit Geld beständig zu sein? Ja, und wie funktioniert das für dich? Das tut es nicht. Du bewertest jeden Cent, den du verdienst, und jeden Cent, den du ausgibst. Du bewertest alles, was du mit Geld machst. Wird das mehr Geld kreieren? Nein. Deine größte Bewertung über dich ist, dass du nicht beständig bist, während deine Unbeständigkeit deine größte Quelle der Macht ist, und darum versuchst du auch, sie loszuwerden. Du möchtest nicht machtvoll sein.

> Welche Energie, welcher Raum und welches Bewusstsein kannst du sein, um so komplett unbeständig zu sein, wie du wirklich bist? Alles, was das ist, mal Gottzillionen, zerstörst und unkreierst du das alles? Right and Wrong, Good and Bad, POD and POC, All 9, Shorts, Boys, and Beyonds.

Als ich vor Kurzem unseren Rechtsberater in den USA rauswarf, wurde mein Rechtsberater in Irland ein wenig nervös, weil er nicht wusste, ob ich ihn auch feuern würde. Er ist jetzt mehr auf Zack. Wer hat die Macht? Wir. Du musst unbeständig sein; du musst bereit sein, dich in Sekundenschnelle zu ändern, um zu kreieren, was möglich ist.

Als ich Dain kennenlernte, war er in einer Beziehung, die nicht funktionierte, und eines Tages verließ er sie und zog aus. Ich fand das toll. So hatte ich funktioniert, bevor ich heiratete. Sobald ich Kinder hatte, dachte ich, ich müsse beständig sein. Lustig daran ist, dass meine Kinder, sobald ich aufhörte, beständig zu sein, sehr viel mehr in der Lage waren, ihr Leben zu verändern als andere Kinder. Beständigkeit verlangt von dir, dass du alles aufgibst, um Beständigkeit zu haben. Unbeständigkeit ist die größte Quelle der Macht für dich.

Du suchst nach dem, was beständig in deinem Leben ist, wie deine Miete und deine Rechnungen. Sie sind beständig. Haben sie irgendetwas mit dir zu tun? Oder haben sie mit dem zu tun, was du zahlen musst? Wie viel Kreativität, wie viel kreatives Potential verwendest du, um die Dinge in deinem Leben zu bezahlen, mit denen du dich ständig auseinandersetzen musst? Bei diesen Dingen geht es nicht darum, dir selbst zu vertrauen.

> Wie viel von dir hast du aufgegeben, um in deinen Finanzen, deinem Geld und deinem Job in alle Ewigkeit beständig zu sein? Alles, was das ist, mal Gottzillionen, zerstörst und unkreierst du das alles? Right and Wrong, Good and Bad, POD and POC, All 9, Shorts, Boys, and Beyonds.

Was ist wichtiger — beständig oder gewahr zu sein? Gewahr zu sein! Was hast du bisher gewählt? Gewahrsein? Oder Beständigkeit?

FRAGE ZWEI: *Wo bin ich beständig in meinem Leben, wo ich unbeständig sein könnte, und welche Wahl kann ich haben, die es mir erlauben würde, unbeständig zu sein?*

____

____

____

____

____

Wo gibst du dein Geld aus?

Sieh dir an, wo du dein Geld ausgibst, damit du siehst, ob es das ist, wofür du du es wirklich ausgeben möchtest. Möchtest du dein Geld für eine Tasse Kaffee pro Tag ausgeben? Oder möchtest du etwas anderes in deinem Leben kreieren, das du dir bisher nicht erlaubst hast zu haben?

Als ich sah, wie viel Geld ich für Kaffee ausgab, sagte ich: „Moment mal. Was ich wirklich möchte, ist mehr „davon“ in meinem Leben zu haben.“, und ich begann danach zu schauen, wie ich mehr davon kreieren konnte. Langsam aber sicher wurden dies die Dinge, für die ich mein Geld ausgab. Ich trank weniger Kaffee und gab 20 Dollar pro Woche aus, um etwas zu kaufen, was ich in meinem Leben haben wollte, eine Antiquität oder etwas, das mehr Wert sein würde, als ich dafür zahlte.

So kreiert man Wohlstand aus der Ansicht der Frage: „Was kann ich kaufen oder tun, das mir einen größeren Gewinn bringen wird als alles andere?“

Bewusstsein ist Möglichkeit. Welche Energie, Raum und Bewusstsein können dies kreieren? Beginne damit, dir alles anzuschauen, was du zu kreieren versuchst und schau, ob es wirklich für dich funktioniert. Fange an, von dieser Ansicht heraus zu funktionieren, denn wenn du das nicht tust, richtest du dich darauf ein zu scheitern.

Überleben vs. Florieren

Ich sprach mit einer Dame, die einen neuen Job angenommen hatte. Bevor sie ihn annahm, erstellte sie eine Tabelle und sah, dass das Gehalt ihre Grundausgaben abdecken würde, aber nicht viel mehr. Sie fragte: „Wenn ich diesen Job annehme, wie wird mein Leben in fünf Jahren sein? Wenn ich diesen Job nicht annehme, wie wird mein Leben in fünf Jahren sein?“ Es fühlte sich leicht und erweiternd für sie an, den Job anzunehmen, also entschied sie sich dafür. Dann begann sie auszurechnen, wie sie ihre Ausgaben geringer halten könnte als das zu erwartende Einkommen, und das fühlte sich sehr zusammenziehend an. Sie fragte mich: „Wie kann ich hier in den Möglichkeiten spielen?“

Ich sagte: „Du schaust, wie du Kosten einsparen kannst, um innerhalb deines Budgets zu leben. Hat dies irgendetwas damit zu tun, dein Leben zu kreieren? Nein. Irgendwo hast du die Idee abgekauft, dass es beim Leben ums Überleben und nicht das Florieren geht.“

Ist dies etwas, was du auch getan hast? Hier ist die Frage, die du stellen musst:

FRAGE DREI: *Wo vertraue ich darauf, nur in der Lage zu sein zu überleben, und wo vermeide ich alles, was mir erlauben würde zu florieren?*

Ich fragte die Dame, die versuchte, ihre Kosten zu reduzieren: „Wie viele Stunden musst du pro Tag in deinem Job arbeiten?“ Wir rechneten aus, dass sie acht Stunden pro Tag arbeitete, acht Stunden schlief, zwei Stunden für den Arbeitsweg brauchte und drei Stunden mit Essen, Körperpflege und Vorbereitung für die Arbeit zubrachte. Ich sagte: „Da bleiben dir drei Stunden übrig; was machst du in dieser Zeit?“

Sie meinte: „Mir scheint, ich vertrödele diese Zeit.“

Ich sagte: „Das ist korrekt. Du vertrödelst diese Zeit. Du fragst nicht: ‚Wie nutze ich diese Zeit, um mehr in meinem Leben zu kreieren — mehr Geld, mehr Möglichkeiten, mehr Wahl, mehr von allem?’ Du musst das alles haben. Du versuchst zu sehr, ein normales Leben zu führen. Du musst fragen: ‚Wenn ich bereit wäre, all das Geld zu haben, das ich haben könnte, würde ich mein Leben von einer normalen Realität aus leben?’ Nein!"

Wo kreierst du dein Leben als normal anstatt aus unendlichen Möglichkeiten? Das ist es, was du dir ansehen musst.

FRAGE VIER: *Wo kreiere ich mein Leben als normal anstatt als eine Quelle der Möglichkeiten?*

Wenn du keine Wahl triffst, kann sich nichts verändern

Wahl ist das Nützlichste, was es gibt, denn jedesmal, wenn du eine Wahl triffst, zeigt sich etwas. Wie kannst du etwas verändern, wenn du keine Wahl triffst? Das geht nicht. Wenn du keine Wahl triffst, kann sich nichts verändern.

Es ist wichtig, eine Wahl zu treffen, ob du nun denkst, es wird funktionieren oder nicht. Die Dame, die die Wahl traf, den neuen Job anzunehmen und sich dann ansah, wie er nicht für sie funktionieren würde, kam zu der Schlussfolgerung, sie habe eine falsche Wahl getroffen, was bedeutete, dass alles, was richtig an dieser Wahl war, nicht in ihr Gewahrsein kommen konnte. Es konnte nicht in ihr Leben kommen und etwas Großartigeres für sie kreieren.

Schlussfolgerung hat nichts mit Kreation zu tun. Du musst dir etwas aus der Ansicht von „Ich habe eine Wahl getroffen." ansehen. So habe ich beispielsweise für uns entschieden, dass wir uns auf eine bestimmte EDV-Lösung einlassen. Wir waren schon kurz vor der anvisierten Fertigstellung, als wir entdeckten, dass es eigentlich nicht funktionieren konnte. Alle fingen an zu fragen: „Oh, mein Gott! Sollten wir das wirklich tun?"

Ich sagte: „Ja. Macht es und wir werden es soweit korrigieren, wie es auch immer nötig ist. Wenn wir es eine Weile stilllegen und korrigieren müssen, wird uns das Geld kosten? Ja. Ist das richtig oder falsch oder gut oder schlecht oder was? Es ist einfach."

Ich traf die Wahl, und nachdem ich die Wahl getroffen hatte, kam der Tag, an dem alles laufen sollte, und das System konnte die eingehenden Zahlungen nicht annehmen. Es konnte nicht tun, was wir brauchten. Wir brauchten eine andere Lösung und wir suchen nun danach, egal, was es braucht, und wir werden sie finden.

Ich spreche von der Erkenntnis, dass du dir etwas ansehen und fragen musst: „Funktioniert dies so, wie ich es brauche? Ja oder nein?" Wenn die Antwort nein ist, dann tu etwas anderes. Du musst bereit sein, innerhalb von Sekunden etwas zu ändern. Die meisten Menschen sind so darauf bedacht, beständig zu sein, dass sie ihre kreative Fähigkeit eliminieren werden, und dabei ist das, was das meiste Geld kreiert, deine kreative Fähigkeit.

> Wie viel Geld hast du verloren in deinem Bedürfnis, beständig zu sein? Alles, was das ist, mal Gottzillionen, zerstörst und unkreierst du das alles? Right and Wrong, Good and Bad, POD and POC, All 9, Shorts, Boys, and Beyonds.

Möglichkeit, Wahl oder Verrücktheit?

Als was und von wo aus möchtest du kreieren — Möglichkeit, Wahl oder Verrücktheit? Es ist nur eine Wahl. Die meisten Menschen wählen die verrücktesten Dinge, die sie können und denken, dass dies die Art ist, um etwas zu kreieren.

> Was hast du so lebensnotwendig daran gemacht, im Widerstand zur Leichtigkeit der Kreation und des Verdienens von Geld zu sein, was dich immer weiter die Schwierigkeiten anstatt der Möglichkeiten in jeder Wahl suchen lässt? Alles, was das ist, mal Gottzillionen, zerstörst und unkreierst du das alles? Right and Wrong, Good and Bad, POD and POC, All 9, Shorts, Boys, and Beyonds.

Ich kannte einen Typen, der 3.000 Dollar in seinem Leben hatte. Er sagte: „Ich muss wirklich Geld machen und habe eine großartige Möglichkeit, in etwas zu investieren, was mir einen Profit von 2.000 % verspricht."

Ich sagte: „Nun, wenn du da investieren möchtest, tu dir keinen Zwang an. Das ist nicht, was ich wählen würde." Warum ich es nicht wählen würde? Weil es, wenn es zu gut ist, um wahr zu sein, zu gut ist, um wahr zu sein. Du musst bereit sein, dir anzusehen, was ist — nicht, wie du es gerne hättest. Ich habe zu oft beobachtet, wie Leute versuchen, Sachen so zu kreieren, wie sie sein „sollten", anstatt zu fragen: „Wie kann ich dies auf eine Art kreieren, die wirklich für mich funktioniert?"

Du wählst die verrücktesten Dinge, um zu beweisen, dass du Möglichkeiten hast. Du versuchst zu beweisen, dass es keine unmögliche Wahl ist, du versuchst zu beweisen, dass es das Richtige ist, du versuchst, alle möglichen Dinge zu beweisen. Aber wenig hat irgendetwas damit zu tun, was wirklich wahr ist.

Wenn ich der Typ wäre, der 3.000 Dollar hatte, welche Wahl würde ich treffen? Ich würde fragen: „Wenn ich das ausgebe, wofür kann ich es ausgeben, das Reichtum kreieren wird? Was wird Reichtum kreieren?"

Die meisten Menschen sehen Möglichkeiten als den Moment, wenn sie etwas wählen, was an der Oberfläche gut aussieht, egal, ob es ihnen Geld bringt oder nicht. Sie sagen: „Das sieht nach einem wirklich guten Deal aus."

Ich tue das nicht. Ich frage: „Kann ich einen noch besseren Deal bekommen?" Was würde passieren, wenn du in der Lage, bereit oder willig wärst, eine großartigere Möglichkeit, ein großartigeres Resultat und eine großartigere Wahl zu kreieren?

Du denkst, du musst von einer Klippe springen, um zu beweisen, dass es Möglichkeiten gibt. Du möchtest lieber zu einer Schlussfolgerung kommen anstatt zu einem Gewahrsein. Wie sieht es damit aus, pragmatisch zu sein? Wie steht es mit dem Wählen? Wie wäre es, eine Frage zu stellen? Bevor ich etwas kaufe, frage ich: „Haben Sie ein Angebot für diesen Anzug?", „Kann ich ein besseres Angebot hierzu bekommen?" oder „Was ist das beste Angebot, das Sie mir machen können?"

Was möchtest du kreieren?

Du musst dir anschauen, was du zu kreieren bereit bist. Was möchtest du kreieren? Bist du bereit, dir anzusehen, was du wirklich kreieren möchtest? Nein. Du möchtest nur etwas Besseres kreieren, als du derzeit hast.

Eine Dame sagte zu mir: „Ich habe mir die Frage ‚Was möchte ich kreieren?' schon ewig gestellt. Ich weiß wirklich nicht, was ich kreieren möchte. Ich weiß nur, dass es etwas anders ist."

Ich sagte: „Du bist ein Humanoid. Die einzige Art, wie du weißt, was du kreieren möchtest, ist, indem du etwas tust, bis du weißt, dass du es nicht machen möchtest. Du denkst, du seist ein Versager, wenn du etwas nicht mehr machen möchtest. Du bist kein Versager. Du bist ein Humanoid, aber du musst bereit sein, ein Versager zu sein, sonst bewertest du jede Wahl, die du triffst, als ob die Bewertung und die Wahl, die auf der Bewertung basiert, mehr kreieren werden."

Das Problem dabei, ein älterer Humanoid zu werden, ist, dass dir sehr schnell klar wird, was du nicht kreieren möchtest. Du sagst: „Oh! Ich möchte das nicht machen. Was ist los mit mir? Bin ich dumm? Oh ja, das bin ich. Was ist falsch an mir, dass ich mich nicht entscheiden kann, was ich wirklich tun möchte?"

Du machst etwas drei Wochen lang und dann bist du darüber hinweg. Du denkst dann „Was zum Teufel? Wollte ich das wirklich kreieren oder nicht?" Du hast so weit kreiert, wie du gehen wolltest, und dann warst du darüber hinweg.

Erinnerst du dich an die erste Frage in Kapitel eins? „Was weigere ich mich zu sein, das, wenn ich es wäre, zuviel Geld in meinem Leben kreieren würde?" Bist du bereit, ein Versager zu sein?

> Welche Energie, welcher Raum und welches Bewusstsein kann ich sein, die mir erlauben würden, der absolute und totale Versager zu sein, der ich

wirklich bin? Alles, was das ist, mal Gottzillionen, zerstörst und unkreierst du das alles? Right and Wrong, Good and Bad, POD and POC, All 9, Shorts, Boys, and Beyonds.

Über deine Komfortzone hinausgehen

Wir sprachen beim Fortgeschrittenenkurs *Wie man Geld wird* darüber zu wissen, was man kreieren möchte, und jemand sagte: „Am Ende meiner Kreationen scheint es die Bewertung zu geben ‚Das ist nicht genug.' Ich sage nicht ‚Juhu, ich habe es geschafft. Was ist sonst noch möglich?' Ich mache mich selbst falsch für das, was ich kreiert habe."

Ich sagte: „‚Das ist nicht gut genug' ist keine Bewertung. Es ist ein Gewahrsein. Du könntest fragen: ‚Was könnte ich kreieren oder generieren, das mehr als genug für mich wäre?' Du versuchst zu kreieren, ohne aus deiner Komfortzone herauszugehen."

Deine Komfortzone ist ein Ort, wo du weißt: „Ich kann genug kreieren. Das ist okay für mich." Du wählst nicht, darüber hinaus zu gehen. Was würde es brauchen, um das zu verändern? Wahl.

Frage: „Was ist das Unbequemste, was ich heute wählen könnte zu sein?" Zum Beispiel musst du bereit sein, einen Betrag für deine Dienstleistungen zu verlangen, bei dem es dir unbequem ist. Was ist wertvoll für dich? Was ist dir deine Zeit wert?

Ich nahm eine Weile 1.250 Dollar pro Stunde für Privatsitzungen Die Leute riefen mich dann an und jammerten: „Oh, mein Leben ist schrecklich! Blah, blah, blah." Möchte ich mir diesen Mist anhören? Nein. Also fragte ich mich: „Wie viel müsste ich verlangen, damit die Leute direkt zum Punkt kommen und wir uns dann damit auseinandersetzen können?" Ich hob meinen Stundensatz auf 2.500 Dollar an. Jetzt, wo ich 2.500 Dollar nehme, dauern fünfundneunzig Prozent meiner Sitzungen eine halbe statt einer Stunde. Die Leute gehen nicht mehr auf Tränen und all ihr Zeug ein. Sie gehen direkt zu dem über, was sie ändern möchten. Ich mache nicht viel mehr Geld, aber ich muss mir all das andere Zeug nicht anhören. Das funktioniert für mich.

Bist du bereit zu fragen: „Was ist mir meine Zeit wert?" Oder sagst du: „Ich weiß, dass dieser Betrag weit über dem liegt, was mir angenehm ist zu nehmen." Finde heraus, was dir deine Zeit wert ist und du wirst Klienten bekommen, denen es leichtfällt, so viel Geld auszugeben. Denke darüber nach, deine Rate zu verdreifachen. Oder vielleicht könntest du fragen: „Welche Energie, welcher Raum und welches Bewusstsein kann ich sein, um in alle Ewigkeit bitterarm zu sein und auf der Straße zu leben?"

Bist du bereit, auf der Straße zu leben? Nein? Okay, dann musst du deinen Preis verlangen!

Vielleicht gehörst du auch zu den Leuten, die die Schlussfolgerung haben: „Nun, die Leute werden mir nicht so viel zahlen." oder „Ich bin nicht so viel wert." Was für eine Frage ist das? Das ist keine Frage! Es ist eine Schlussfolgerung – und wenn es eine Schlussfolgerung ist, kann dann etwas anderes in deine Realität kommen? Nein!

Möchtest du deine Schlussfolgerung verändern oder deine Realität?

Was wünschst du dir?

Oder vielleicht gehörst du zu jenen Leuten, die so versnobt sind, dass du nicht um Geld bittest. Du sagst: „Nun ja, ich brauche es nicht wirklich." Das nennt sich: „Ich bin so ein Snob, dass ich obdachlos auf der Straße sein werde, damit ich allen anderen überlegen sein kann, indem ich obdachlos bin."

Manche Leute setzen um Geld bitten mit betteln gleich. Sie sind so elitär, dass sie nie um Geld bitten würden. Und doch werden sie sagen: „Bring mich in Ordnung, Gary, ich möchte eine andere Realität." Wenn ich ihnen eine Art aufzeige, wie sie sich in Ordnung bringen können, sagen sie: „Oh, ich bin ein zu großer Snob, um das zu tun."

Was bist du nicht, das dir alles geben würde, was du dir wünschst? Du weißt noch nicht einmal, was du dir alles wünschst, weil das, was du dir wünschst, kein kognitives Universum ist. Du denkst, sobald du es herausbekommen hast, wenn du es kognitiv verwirklicht hast, wird alles gut werden. Aber so funktioniert es nicht. Als wir uns darauf einließen, unser Zentrum in Costa Rica zu kreieren, hatte ich keine Ahnung, wie wir das bezahlen sollten. Wir haben uns trotzdem darauf eingelassen und nun haben wir endlich die erste Zahlung für das Land geleistet. Wir sind tatsächlich auf dem Weg!

Als ich darüber sprach, wie wir es gemacht haben und über all die Dinge, die wir herausfinden mussten, sagte jemand: „Gary, natürlich kannst du das tun. Das ist es, was du bist. Aber wir sprechen jetzt über mich."

Ich sagte: „Du musst die Frage benutzen: ‚Was bin ich nicht, das mir alles geben würde, was ich mir im Leben wünsche?' Ich bin bereit, alles im Leben zu sein, alles zu tun, alles zu haben, alles zu kreieren und alles zu generieren, weil ich nicht die Ansicht habe, ich könnte es nicht. Ich bin mir auch gewahr, dass jedes Mal, wenn wir eine Wahl treffen, das Universum fünfundfünfzig Türen öffnet, damit wir hineinschauen können. Aber ihr schaut nie hinein."

Hineinschauen bedeutet zu fragen: „Wenn ich dies wähle, was wird es kreieren? Wenn ich dies wähle, was wird es kreieren? Wenn ich dies wähle, was wird es kreieren?" Es geht um deine Wahl. Es geht nicht um das Ergebnis, das du anstrebst.

Ich bin das, was mehr Bewusstsein kreieren und generieren wird. Du schaust, wie viel Geld du machen wirst. Dies ist nie mein Kriterium, und was geschieht, ist, dass ich offensichtlich mehr und mehr Geld mache.

Geld ist ein Nebenprodukt deiner Wahl. Wahl kreiert kein Geld. Geld kommt als Ergebnis des Wählens.

Du kreierst Gewahrsein mit jeder Wahl, die du triffst

Die einzige Art, wie dein Leben für dich befriedigend sein wird, ist, wenn du danach strebst, ein großartigeres Leben zu kreieren. Vor zwei Jahren hatte ich eine Unterhaltung mit einer Freundin über dieses Bestreben, ein großartigeres Leben zu kreieren.

Sie fragte mich: „Läuft Access so, wie du es möchtest?"

Ich sagte: „Nein, es wächst nicht schnell genug."

Sie fragte: „Nun, wie viel Geld macht ihr?"

Ich sagte: „Etwas anderthalb Millionen pro Jahr."

Sie fragte: „Ist dir das genug?"

Ich sagte: „Sicher, es ist genug für alle. Es ist mir angenehm."

Sie fragte: „Also, wie viel müsstet ihr verdienen, damit es so wächst, wie du möchtest?"

Ich sagte: „Viel mehr!" Ich steigerte es auf ein Minimum von 10 Millionen pro Jahr und dann auf 100 Millionen pro Jahr. In den beiden darauffolgenden Jahren hat sich Access von siebenundvierzig auf 173 Länder ausgeweitet. Was sagt dir das darüber, wie das Universum dich unterstützt?

Die Menschen sagen mir, dass sie ein großartigeres Leben anstreben, doch sie bewerten, was sie wählen, um dorthin zu gelangen. Ich frage: „Bewertest du es wirklich? Oder kreierst du mit jeder Wahl, die du triffst, Gewahrsein? Du denkst, dass du es bewertest – aber in Wirklichkeit erkennst du ‚Oh! Das ist nicht, wo ich hingehen möchte.'"

Wenn du über ein Feld laufen würdest und eine Wahl treffen würdest, nach rechts abzubiegen und da wäre ein riesiges Loch, würdest du hineinfallen? Nein. Du würdest sagen: „Moment mal. Das funktioniert nicht. Welche Wahl habe ich hier, die das verändern könnte?" Es geht immer um Wahl.

Bitte mache die Fragen in diesem Kapitel und mache sie weiter, damit du anfangen kannst, dir gewahr zu werden, was für dich wahr ist. Ich bitte dich, Spaß mit Geld zu haben. Wie würde es aussehen, Spaß mit Geld zu haben? Es würde nach viel mehr Spaß aussehen, als du im Moment hast!

ARBEITSBUCH: FRAGEN
KAPITEL DREI

FRAGE EINS: *Welchem Teil des Universums kann ich vertrauen? Und welchem Teil von mir vertraue ich nicht?*

FRAGE ZWEI: *Wo bin ich beständig in meinem Leben, wo ich unbeständig sein könnte, und welche Wahl kann ich haben, die es mir erlauben würde, unbeständig zu sein?*

FRAGE DREI: *Wo vertraue ich darauf, nur in der Lage zu sein zu überleben, und wo vermeide ich alles, was mir erlauben würde zu florieren?*

FRAGE VIER: *Wo kreiere ich mein Leben als normal anstatt als eine Quelle der Möglichkeiten?*

KAPITEL VIER

SEX, GELD UND EMPFANGEN

Oft erzählen mir Leute, dass sie sich Freundschaften mit anderen wünschen, anstatt jedoch Freundschaften zu erschaffen, scheinen sie Trennung zu kreieren, was ihr Empfangen stoppt. Ich werde dieses Kapitel mit einer Frage beginnen, die dich durcheinanderbringen wird — aber zunächst möchte ich etwas über Empfangen und Sex sagen.

Sex ist die niedrigere Schwingung des Empfangens. Es ist eine begrenzte Version des Empfangens, genauso, wie Gedanken, Gefühle und Emotionen die niedrigeren Schwingungen von Wissen, Wahrnehmen und Sein sind. Wenn du also Sex vermeidest oder nicht magst oder keinen Sex haben möchtest oder eine bestimmte Art von Sex nicht machen würdest oder Sex als etwas Schlechtes siehst anstatt als etwas, das eine Möglichkeit ist, schneidest du die Möglichkeiten des Empfangens sowohl von Geld als auch von Sex ab.

Sex ist die menschliche Ansicht über Empfangen. Wenn du Sex hast, empfängst du. Wenn du keinen Sex hast, empfängst du nicht. Bedeutet das, dass du Sex haben musst? Nein. Heißt das, dass du Sex haben könntest? Ja, wenn du es wählst. Es muss eine Wahl sein. Es ist dasselbe mit dem Geldhaben; es muss eine Wahl sein, die du triffst.

Vermeidest du zum Beispiel die Idee von Sex mit Kindern? Bedeutet es, wenn ich diese Frage stelle, dass ich möchte, dass ihr losgeht und Sex mit Kindern habt? Auf keinen Fall. Aber wenn ihr nicht seht, dass Kinder sexuell sind und wenn ihr nicht seht, dass Kinder bereit sind, Sex zu haben, müsst ihr euer eigenes Gewahrsein abschneiden, damit das funktioniert, sodass ihr kein Geld von Kindern empfangen könnt.

Deine Kinder können eine Quelle von Geld sein. Wenn du sie darum bittest, dass sie dazu beitragen, dass du Geld machst, ist es erstaunlich, welche Energie sie beitragen können, die Geld in deinem Leben kreiert. Du musst bereit sein, alles zu haben.

> Was hast du so lebensnotwendig daran gemacht, nie Sex zu haben, was die Quelle des Seins vergiftet, um kein Geld zu haben? Alles, was das ist, mal Gottzillionen, zerstörst und unkreierst du das alles? Right and Wrong, Good and Bad, POD and POC, All 9, Shorts, Boys, and Beyonds.

FRAGE EINS: *Wo vermeide ich Sex, um Geld zu vermeiden?*

Sex hat nichts mit Kopulation zu tun

Dies sind Dinge, die mit Sex zu tun haben, aber nichts mit Kopulation. Was heißt das? Sex ist eine Energie in deinem Körper, und dein Körper ist derjenige, der Geld braucht. Probiere mal Folgendes: Bitte deinen Körper genau jetzt, dass er die Blutzirkulation im Genitalbereich deines Körpers exponentiell steigert. Und noch einmal. Und noch einmal. Und noch einmal. Bemerkst du irgendwelche Veränderungen mit deinem Körper?

Spürst du Schmerzen in deinem Körper? Schmerzen können auftreten, wenn du deinen Körper bittest, dies zu tun, wegen all der Orte, wo du die sexuelle Energie verweigert hast, die eine stärkere Blutzirkulation dir geben würde.

> Was hast du so lebensnotwendig daran gemacht, niemals Sex zu haben, was die Quelle des Seins vergiftet, um kein Geld zu haben? Alles, was das ist, mal Gottzillionen, zerstörst und unkreierst du das alles? Right and Wrong, Good and Bad, POD and POC, All 9, Shorts, Boys, and Beyonds.

Die Leute sprechen mit mir über ihre sexuellen Bedürfnisse, und ich habe sie gefragt: „Nun, warum bezahlst du nicht einfach, um Sex zu haben?"

Sie sagen: „Das würde ich niemals tun!"

Ich sage: „Du würdest niemals zahlen, um Sex zu haben. Das heißt, dass du niemals zahlen würdest, um zu empfangen. Du wirst auch nicht zahlen, um Geld zu empfangen, oder? Was wäre, wenn du Geld ausgeben müsstest, um Geld zu machen?" Erkennst du den Zusammenhang hier?

Du kreierst Gebote der Stunde in deinem Leben, wo du kein Geld bekommst. Das Gebot der Stunde lautet „kein Geld". Das Gebot der Stunde lautet „kein Sex". Das Gebot der Stunde lautet „kein Empfangen".

> Welchen Teil der sexuellen Bedürfnisse hast du abgeschnitten, um kein Geld zu empfangen und Geld aus deinem Leben auszusparen? Alles, was das ist, mal Gottzillionen, zerstörst und unkreierst du das alles? Right and Wrong, Good and Bad, POD and POC, All 9, Shorts, Boys, and Beyonds.

Eine Dame im Kurs sagte: „Je mehr Zeug ich über die Jahre mit den Access-Werkzeugen gecleart habe, umso weniger Ansichten habe ich darüber, ob ich Geld habe oder nicht, oder ob ich Sex habe oder nicht. Es ist mir wirklich egal. Und doch wünsche ich es mir. Das ist irgendwie ein seltsamer Ort."

Ich meinte: „Das ist kein seltsamer Ort. So sollte es sein. Du musst es so kommen lassen, wie es kommt. Du musst ihm erlauben zu sein, was es ist. Wenn du wirklich Sex haben wolltest, würdest du ihn bekommen?"

Sie sagte: „Natürlich. Jederzeit."

Du kannst einen Wunsch haben, Sex zu haben und du kannst einen Wunsch haben, Geld zu haben, aber welche Wahl müsstest du treffen, um das zu verwirklichen? Bei einem Wunsch geht es immer um eine zukünftige Realität. Es ist keine Notwendigkeit von irgendetwas jetzt.

Ich schneide meine sexuelle Energie nie ab und ich weiß auch, was sie kreiert, also wähle ich, mich nicht mit Leuten darauf einzulassen, wenn ich weiß, dass es nicht gut enden würde. Mir ist klar, dass meine sexuelle Energie ein Beitrag für mich in meinem Leben ist und ich bin bereit, mir das anzuschauen und zu sehen, was die Wahl kreieren wird. Ich frage: „Welche Wahl kann ich treffen, die sofort Geld kreieren würde?"

FRAGE ZWEI: *Welche sexuelle Wahl könnte ich heute treffen, die mir sofort Geld bringen würde?*

____

____

____

____

____

Es geht ums Empfangen. Es geht nicht um die Kopulation. Ich kann sexuelle Energie haben. Ich kann sexuelle Energie wertschätzen. Ich kann flirten. Ich kann romantisch sein. Ich kann all diese Dinge tun, aber ich bin mir auch gewahr, was passieren wird, wenn ich mich darauf einlasse. Du musst bereit sein zu wissen, was das Ergebnis sein wird, wenn du es wählst. Das bedeutet nicht, dass mir Sex, Kopulation oder Geld egal wären; es geht darum, keine Notwendigkeit zu haben. Wenn du zur Ansicht kommst, dass nichts eine Notwendigkeit ist, wird alles zur Wahl.

So weißt du zum Beispiel, dass, wenn du deinen Partner betrügst, es ein Desaster sein wird. Aber du machst es trotzdem und hast Sex mit jemand anderem, weil du das brauchst, damit du dich gut fühlst. Du betrügst deinen Partner nicht wirklich; du versuchst, dich selbst wiederzufinden. Das ist eine andere Realität. Die meisten Leute denken: „Ich muss Sex haben!", anstatt zu fragen: „Was möchte ich hier wirklich kreieren?". Du musst keinen Sex haben. Du hättest gerne Sex. Du bist am Leben; du hast gerne Sex. Bedeutet das, dass du so Sex haben wirst, wie es sein sollte? Nicht unbedingt.

Ich habe eine Freund, der Produkte im Wert von mindestens 5.000 Dollar pro Tag verkauft, wenn er Sex gehabt hat. Also rate ich ihm jedes Mal, wenn er sich wegen seines Business nicht so gut fühlt: „Schlaf mit jemandem." Vor Kurzem hat er bemerkt, dass er auch, wenn er anfängt daran zu denken, dass er Sex haben wird, Sachen verkauft. Dahin musst du kommen—zu diesem Gespür von: „Wie werde ich Geld kreieren? Welche Energie muss ich sein?"

> Welche Energie, welcher Raum und welches Bewusstsein kannst du sein, um mehr Geld als Gott zu haben, in alle Ewigkeit? Alles, was das ist, mal Gottzillionen, zerstörst und unkreierst du das alles? Right and Wrong, Good and Bad, POD and POC, All 9, Shorts, Boys, and Beyonds.

Der Motivationsfaktor

Wird es dir langsam unangenehm, wenn du meinst, es gebe nicht genug Geld? Das sollte es. Du assoziierst den Gedanken „niemals genug" mit Sorge und Angst. Aber „niemals genug" ist nicht Sorge und Angst. „Niemals genug" ist die Notwendigkeit der Kreation. Die Leute verstehen Sorge und Angst fälschlicherweise nicht als Kreation, was sie eigentlich sind, sondern als eine Art von Notwendigkeit, die ihr Leben bestimmen muss. Dieses Gefühl von Notwendigkeit wird zum motivierenden Faktor.

> Was hast du als Motivationsfaktor falsch identifiziert und falsch angewendet, das kein Motivationsfaktor ist, das dir erlauben würde, wenn du es nicht als Motivationsfaktor falsch identifizieren und anwenden würdest, großartiger zu kreieren, als du je bereit und in der Lage gewesen bist zu kreieren? Alles, was das ist, mal Gottzillionen, zerstörst und unkreierst du

das alles? Right and Wrong, Good and Bad, POD and POC, All 9, Shorts, Boys, and Beyonds.

Wo hast du die Fähigkeit zu wählen und etwas Großartigeres zu kreieren, als du je in der Lage gewesen bist, als Angst und Sorge falsch identifiziert und falsch angewendet? Ist das die Lüge, die du benutzt, um dich um das Geld zu bringen, das du wählen könntest? Alles, was das ist, mal Gottzillionen, zerstörst und unkreierst du das alles? Right and Wrong, Good and Bad, POD and POC, All 9, Shorts, Boys, and Beyonds.

Das Gefühl von Mangel ist nicht real. Kann ein unendliches Wesen je Mangel haben? Nein. Kann ein unendliches Wesen sich je Sorgen machen? Nein. Kann ein unendliches Wesen je Angst haben? Nein. Als was zum Teufel stellst du dich also hin? Als eine Pappfigur einer humanoiden Realität?

FRAGE DREI: *Wo habe ich mich selbst als Pappfigur identifiziert, mit der ich mein ganzes Leben lang ständig „Anziehpuppe" gespielt habe?*

____

____

____

____

____

Du kreierst dich selbst als Anziehpuppe, als jemanden, dem du Kleider anheftest, und dann wirfst du die Anziehpuppe in die Welt und sagst: „Bis später." Wenn du dich selbst zur Pappfigur machst, machst du dich dann zu einem Häufchen Scheiße?

FRAGE VIER: *Wo habe ich mich selbst zu einem machtlosen Häufchen Scheiße gemacht, was mich davon abhält, mehr Geld zu haben als Gott?*

____

____

____

____

____

Hat Gott überhaupt Geld? Braucht er Geld? Bekommt Gott immer, was er möchte? Warum tust du das nicht auch? Gott weiß immer, dass du alles bekommst, was du haben möchtest, wenn du nur entscheidest, dass du es anstreben wirst.

> Was hast du als einen Motivationsfaktor falsch identifiziert und falsch angewendet, das kein Motivationsfaktor ist, das dir erlauben würde, wenn du es nicht als Motivationsfaktor falsch identifizieren und anwenden würdest, großartiger zu kreieren, als du je bereit und in der Lage gewesen bist? Alles, was das ist, mal Gottzillionen, zerstörst und unkreierst du das alles? Right and Wrong, Good and Bad, POD and POC, All 9, Shorts, Boys, and Beyonds.

Gehe in die Frage

Die Leute erzählen mir manchmal: „Wenn ich anfange, eine Dienstleistung oder einen Kurs anzubieten, fange ich an, Erwartungen und Schlussfolgerungen darüber zu haben, wie viele Leute kommen werden und wie ich die Veranstaltung facilitieren werde."

Ich sage immer: „Du musst in die Frage gehen. Sobald du zu einer Schlussfolgerung gelangst, hast du das Ganze bereits abgeschlossen und kannst das Geld nicht bekommen."

Es gab einen Mann, der Access gemacht hat. Es meldeten sich zwölf Leute zu einem Kurs bei ihm an und er sagte: „Das ist so toll! Ich kann dann meine Rechnungen bezahlen und blah, blah, blah machen."

Ich dachte: „Großer Fehler ...", aber er stellte mir keine Frage, also hielt ich den Mund. Er erschien am Tag seines Kurses und es war nur ein Teilnehmer da. Zwölf Leute hatten sich angemeldet, aber nur einer kam. Der Mann rief mich an und fragte: „Was habe ich getan?"

Ich sagte: „Du hast angefangen, das Geld auszugeben, bevor du das Geld bekamst. Du hast es ausgegeben, bevor es reinkam."

Wenn du mit Drogen dealst, weißt du, dass niemand dein Produkt kauft, solange er nicht mit dem Geld erscheint. Du rechnest nie damit, dein Produkt zu verkaufen; du wartest, bis dir jemand das Geld dafür gibt. Wenn du mit Drogen handelst, gibst du nie etwas weg, solange du nicht das Geld bekommst.

Nun, du handelst mit der Droge des Bewusstseins. Du hast nichts zu verkaufen und du hast nichts zu geben und niemand wird nehmen, was du hast, bis er mit Geld in der Hand erscheint. Wenn du es anders handhabst, wirst du dein Vermögen ausgeben, bevor du es verdienst.

> Was hast du so lebensnotwendig daran gemacht, dein Vermögen auszugeben, bevor du es verdienst, was sicherstellt, dass du nie wirklich ein Vermögen haben wirst? Alles, was das ist, mal Gottzillionen, zerstörst und unkreierst du das alles? Right and Wrong, Good and Bad, POD and POC, All 9, Shorts, Boys, and Beyonds.

FRAGE FÜNF: *Welche Projektionen, Ablehnungen, Erwartungen, Bewertungen und Abtrennungen habe ich, die meine Situation in Bezug auf Finanzen und Kunden kreieren?*

____

____

____

____

____

FRAGE SECHS: *Welche Projektionen, Ablehnungen, Erwartungen, Bewertungen und Abtrennungen benutze ich, um das Geld zu vermeiden, das ich kreieren könnte?*

____

____

____

____

____

Projektionen und Erwartungen sind, was du meinst, das jemand anders tun wird, selbst, wenn er es nicht tun wird. Eine *Projektion* wäre zum Beispiel: „Dieser Mann ist perfekt für mich." Eine Erwartung wäre: „Er wird dieselbe Ansicht über mich haben, die ich über ihn habe. Er wird denken, ich bin perfekt für ihn."

Bewertung ist jegliche feste Ansicht oder jegliche Überzeugung, dass jemand oder etwas auf eine bestimmte Art sein sollte. *Abtrennung* tritt ein, sobald du eine Bewertung jeglicher Art vornimmst. Du trennst dich von der Person oder der Sache ab, die du bewertest — auch, wenn du das bist. *Ablehnung* heißt, etwas abzulehnen oder zu verweigern.

Wann immer du Projektion oder Erwartung jeglicher Art betreibst, trennst du dich ab, bewertest und lehnst alles ab, was dir Gewahrsein geben würde. Du eliminierst dein Gewahrsein.

Deine Projektionen und Erwartungen davon, was eintritt oder eintreten sollte, kreieren die Begrenzung dessen, was sich jetzt gerade zeigt. Projektionen, Ablehnungen, Erwartungen, Bewertungen und Abtrennungen bringen dich nicht weiter. Alles, was sie dir bringen, ist kein Einkommen. Wenn du wenig bis kein Einkommen hast, musst du folgende Frage stellen:

FRAGE SIEBEN: *Welche Wahl treffe ich, um das Geld zu haben, das ich gerade habe und nicht mehr?*

Wie kannst du die Welt durch die Art verändern, wie du dein Geld verwendest?

Ich würde gerne 100 Million Dollar im Jahr kreieren. Warum? Weil ich reich und berühmt sein möchte? Nein. Weil ich reich bin und reicher und berühmter werden möchte? Nein. Es ist, weil ich sehen möchte, was ich tun kann, um die Welt zu verändern, und Geld ist eines von vielen Dingen, die du verwenden kannst, um die Welt zu verändern.

Es geht nicht um den Betrag, den du ausgibst, um eine Veränderung zu kreieren. Es geht um den Betrag an Geld, den du hast und wie das die Welt verändern kann. Ich habe die Geschichte, wie ich ein Trinkgeld von sechs Dollar für einen Snack dagelassen habe, schon 1.000 Mal erzählt. Du musst dir eine Situation anschauen und fragen: „Was möchte ich hier wirklich kreieren? Was ist wirklich möglich?" In diesem Fall hat ein Trinkgeld von sechs Dollar das Leben einer Frau verändert. Hat das die Welt verändert? Ja. Mit jedem Trinkgeld, das du gibst, verwendest du Geld, um das Leben von Menschen zu verändern. Du veränderst die Welt. Du kannst das Leben von Menschen mit fünf oder fünfzig oder hundert Dollar verändern. Du kannst die Welt mit allem verändern, was du in deinen Taschen hast, das zur Verfügung steht.

Geld ist ein Werkzeug, das du benutzen kannst, um eine andere Realität zu kreieren. Benutzt du es auf diese Weise? Alles, was dem nicht erlaubt, sich zu zeigen, zerstörst und unkreierst du das alles? Right and Wrong, Good and Bad, POD and POC, All 9, Shorts, Boys, and Beyonds.

FRAGE ACHT: *Was kann ich heute mit meinem Geld tun, das die Welt sofort verändern würde?*

FRAGE NEUN: *Was kann ich heute tun oder sein, das Geld immer leicht für mich machen würde?*

„Kann ich bitte Geld haben?“

Eine Dame erzählte mir, dass sie einen Kurs bei sich zu Hause hostete, und nach dem Kurs fragte ein fünfjähriges Mädchen, das sie sehr gerne besucht: „Kann ich einen Lolli haben?“

Die Dame sagte: „Ich habe keine Lollis in meinem Haus, aber ich habe Schokolade.“

Das Mädchen sagte: „Ich möchte einen Lutscher. Können wir in deinem Korb nachschauen?“

Also gingen sie nach oben, um im Korb nachzusehen und da war kein Lutscher. Dann sagte das Mädchen plötzlich: „Schau! Ich habe einen gefunden!“ und zog einen Lutscher aus dem Korb — und dann noch einen — und sagte: „Siehst du! Du hast Lollis.“

Die Dame, die schwört, dass diese Lutscher vorher nicht dagewesen waren, sagte zu dem Mädchen: „Ich bewundere, wie du kreierst."

Kinder sind bereit, alles zu sein und alles zu empfangen. Sie sind bereit, Unendlichkeit zu sein. Wie steht es mit uns?

Das kleine Mädchen sagte: „Ich möchte einen Lolli." Fragst du so nach Geld? Sagst du: „Ich möchte Geld?" Oder fragst du: „Was werde ich tun, um das Geld zu bekommen?"

Ich sage: „Gut, ich brauche etwas mehr Geld. Kann ich bitte etwas mehr Geld haben?" Das ist wie bei Kindern. Sie schauen dich an und sagen: „Kann ich bitte etwas mehr hiervon haben?", und du sagst: „Klar."

Wenn du das Universum wärst und ein kleines Kind dich fragen würde: „Kann ich mehr hiervon haben?", würdest du sagen: „Ja." Aber du tust so, als würde das Universum nicht so reagieren wie du. Was wäre, wenn du absolut rein wärst und fragtest: „Kann ich bitte Geld haben?" Würde das Universum genau so reagieren, wie du einem kleinen Kind gegenüber reagieren würdest?

Ein Freund von mir hatte Eintrittskarten zum Aquarium und nahm seinen Sohn mit. Als sie hineingingen, fragte das Kind: „Kann ich ein Spielzeug haben, Papa?" Der Vater griff in seine Tasche und merkte, dass er sein Portemonnaie nicht mitgenommen hatte und auch keine Kreditkarten oder Bargeld. Er hatte nur die Eintrittskarten. Er sagte: „Wir müssen jemanden finden, den wir kennen, um uns Geld von ihm zu leihen."

Sie gingen in einen Fahrstuhl und das Kind sagte: „Lass uns in den dritten Stock fahren, Papa", und drückte auf den Knopf vom dritten Stock. Die Tür zum dritten Stock öffnete sich und da lag ein 10-Dollar-Schein auf dem Boden — das Geld für das Kinderspielzeug. Geschafft!

Wirst du dir das Leben so leicht machen? Nein, du musst es schwer machen. Die Leute sagen zu mir: „Du lässt es so einfach erscheinen."

Ich erwidere: „Es ist einfach."

Sie sagen: „Nun, für mich ist es nicht einfach!" Ist das auch deine Ansicht? Merkst du, dass du dir nicht wünschst, es einfach zu haben? Ich habe einmal in einem Kurs gefragt: „Was würde mit eurem Leben passieren, wenn es zu einfach wäre?"

Eine Dame sagte: „Oh! Alles wäre so einfach. Das wäre zauberhaft!"

Ich sagte: „Das wäre *zauberhaft*?! Wie steht es damit, ein unerhörtes Leben zu haben? Merkst du, dass du nicht gesagt hast, es würde aufregend sein oder Spaß machen? Zauberhaft ist ein Wort, das man für ein hübsches Kleid benutzt. Du suchst dir ein zauberhaftes Kleid aus; du wählst kein zauberhaftes Geld. Du möchtest ein zauberhaftes anstelle eines fabelhaften Lebens. Du möchtest noch nicht einmal ein fabelhaftes Kleid, das die Leute umhaut, wenn du in den Raum kommst. Du musst über diese Ansicht hinwegkommen, dass du ein zauberhaftes Leben leben möchtest.

Verweigerst du das unerhörte Leben, das du tatsächlich gerne habe würdest?

> Alles, was das ist, mal Gottzillionen, zerstörst und unkreierst du das alles? Right and Wrong, Good and Bad, POD and POC, All 9, Shorts, Boys, and Beyonds.

Du musst dir anschauen, was deine Ansicht ist. Was ist deine Ansicht über Geld, das dich davon abhält, es zu haben? Lasse die Vorstellung los, es wäre nett oder *zauberhaft*.

Geld kommt mit der Genauigkeit dessen, was du kreieren möchtest

Was musst du sein oder tun, um zu bekommen, was du dir wirklich wünschst? Du musst genau sein, wenn du Geld kreieren möchtest. Geld kommt mit der Genauigkeit dessen, was du kreieren möchtest. Wie wäre es, wenn du fragst: „Was werde ich sein oder tun müssen, um das fabelhafte Leben zu haben, das ich mir wirklich wünsche?"

Ich persönlich liebe schöne Dinge. Ich habe viele Menschen gesehen, die schöne Dinge in ihrem Haus haben, aber in den meisten Häusern kann nichts von den schönen Dingen benutzt werden. Man kann nicht auf den Möbeln sitzen. Es gibt kleine Seile um die Sofas herum, weil sie Museumsqualität haben. Ich habe ein Haus, wo es solche Gegenstände gibt. Sitzen Leute auf meinen Sofas und Stühlen? Ja! Meine Ansicht ist: Wenn du es nicht benutzt, warum solltest du es dann haben?

Eine Teilnehmerin beim Fortgeschrittenenkurs *Wie man Geld wird* sagte: „Meine Mutter hat immer Plastik auf unsere Sofas getan."

Ich sagte: „Du musst das Plastik von deinem Leben abmachen. Du hast jetzt das Plastik über deinem eigenen Leben, damit es nicht schmutzig wird, damit es hübsch aussieht, egal, wie oft du darauf sitzt, aber solange Plastik darüber ist, kannst du es nicht wirklich berühren. Was wäre, wenn du dein Leben berühren würdest?"

Tust du Plastik über dein Sofa? Wo überziehst du deine Realität mit Plastik, damit du sie nicht berühren musst?

FRAGE ZEHN: Wo überziehe ich mein Leben mit Plastik, damit ich es nicht berühren oder darin involviert sein muss?

Dinge müssen unordentlich werden. Wenn du ein unerhörtes Leben haben wirst, wenn du jenseits des Farblosen leben möchtest, wenn du wirklich Geld haben möchtest, musst du bereit sein, unordentlich zu sein. Das heißt nicht, dass du einen unordentlichen Haushalt haben musst; das bedeutet, dass du alle anderen durcheinanderbringst, die es nicht für dich in Ordnung halten.

Du musst bereit sein, das Leben anderer durcheinanderzubringen, denn Leute wollen mit Plastik überzogene Leben, wo nichts sie jemals berührt.

Ich hatte ein Hausmädchen, das so furchtbar langsam war. Ich sagte: „Ich zahle keine 20 Dollar pro Stunde für jemanden, der so langsam arbeitet. Ich verringere den Stundenlohn wieder auf 12 Dollar." Jetzt ist sie dankbar für den Job. Sie kommt rein und schafft alles schneller. Ich weiß nicht, wie das passiert. Sie findet es toll, den Job zu haben. Sie dankt mir täglich, dass ich sie beschäftige. Was? Wie soll das die Art sein, wie es funktioniert? Weil das die Art ist, wie es funktioniert. Die Leute können nichts Großartigeres haben, als was sie bereit sind zu haben.

FRAGE ELF: *Was habe ich beschlossen, nicht bereit zu sein zu haben, das großartiger ist, als was ich bereit bin zu haben?*

Als ich einmal darüber sprach, ein unordentliches Leben zu haben, sagte jemand: „Wenn ich mit Leuten zu tun habe, habe ich das Gefühl, ich befremde sie."

Ich sagte: „Ja, macht es nicht Spaß?"

Sie meinte: „Es ist schrecklich. Ich hasse es."

Ich sagte: „Nein, das tust du nicht! Wenn du es wirklich hassen würdest, würdest du es nicht tun." Wenn du Leute befremdest, können sie dir nicht nahekommen. Das nennt sich „dein Leben mit Plastik überziehen". So kannst du deine Plastikwelt behalten. Du möchtest nicht in die Tiefe der Möglichkeit dessen hineinreichen, was du jetzt kreieren könntest, denn wenn du das tätest, müsstest du dich selbst übertreffen."

Bitte beantworte die folgenden Fragen wieder. Und nimm das Plastik von deinen Möbeln und deinem Leben!

ARBEITSBUCH: FRAGEN
KAPITEL VIER

FRAGE EINS: *Wo vermeide ich Sex, um Geld zu vermeiden?*

FRAGE ZWEI: *Welche sexuelle Wahl könnte ich heute treffen, die mir sofort Geld bringen würde?*

FRAGE DREI: *Wo habe ich mich selbst als Pappfigur identifiziert, mit der ich mein ganzes Leben lang ständig „Anziehpuppe" gespielt habe?*

FRAGE VIER: *Wo habe ich mich selbst zu einem machtlosen Häufchen Scheiße gemacht, was mich davon abhält, mehr Geld als Gott zu haben?*

FRAGE FÜNF: *Welche Projektionen, Ablehnungen, Erwartungen, Bewertungen und Abtrennungen habe ich, die meine jetzige finanzielle Situation und Kunden kreieren?*

FRAGE SECHS: *Welche Projektionen, Ablehnungen, Erwartungen, Bewertungen und Abtrennungen benutze ich, um das Geld zu vermeiden, das ich wählen könnte?*

FRAGE SIEBEN: *Welche Wahl treffe ich, um das Geld zu haben, das ich gerade habe, und nicht mehr?*

FRAGE ACHT: *Was kann ich heute mit meinem Geld tun, das die Welt sofort verändern würde?*

FRAGE NEUN: *Was kann ich heute sein oder tun, das Geld für mich immer leicht machen würde?*

FRAGE ZEHN: *Wo überziehe ich mein Leben mit Plastik, damit ich es nicht berühren oder darin involviert sein muss?*

FRAGE ELF: *Was habe ich beschlossen nicht bereit zu sein zu haben, das großartiger ist, als was ich bereit bin zu haben?*

KAPITEL FÜNF

WAS MÖCHTEST DU MIT DEINEM LEBEN MACHEN?

Die Sache mit dem Geldkreieren ist folgende: Du bist ein Humanoid. Du machst dir nicht wirklich etwas aus Geld, und ohne einen Zweck, um es zu haben, wirst du es nie haben. Wenn du jedoch sehen könntest, was du tun könntest, wenn du 100 Millionen Dollar hättest, könntest du damit beginnen, 100 Millionen Dollar zu kreieren, um zu machen, was du gerne machen möchtest. Du musst einen Zweck haben, um Geld zu haben.

Was möchtest du mit deinem Leben machen? Das ist der Grund dafür, die Frage zu stellen: „Wenn ich 100 Millionen Dollar hätte, was würde ich damit tun? Was würde ich kreieren?"

Jenseits dieser Realität kreieren

Du musst zum Gewahrsein gelangen: „Ich kreiere nicht wirklich mein Leben." Dann kannst du fragen: „Ist das, wo ich wirklich leben möchte? Oder möchte ich etwas anderes tun? Und wenn ich etwas anderes tun würde, was wäre das?" Aber es geht nicht wirklich darum, was du tun würdest; es geht darum, was du sein würdest. Was müsstest du sein, um eine andere Realität als die zu haben, die du derzeit hast?

> Was müsstest du sein, um eine andere Realität als jene zu haben, die du derzeit hast? Alles, was das ist, mal Gottzillionen, zerstörst und unkreierst du das alles? Right and Wrong, Good and Bad, POD and POC, All 9, Shorts, Boys, and Beyonds.

Ich sprach mit einer Dame, die sagte: „Wenn ich 100 Millionen Dollar hätte, glaube ich nicht, dass ich irgendetwas kreieren wollen würde. Ich würde nur diese Welt erleben und reisen und Abenteuer haben wollen, aber ich habe Widerstand dagegen, zu versuchen herauszubekommen, wie ich das Geld bekommen kann, das dies ermöglicht." Ihre Ansicht war „Ich möchte kein Geld machen müssen. Ich möchte nur in der Lage sein, spielen gehen zu können."

Ich sagte: „Du hast all die Wahlen dieser Realität abgekauft und nicht für dich gewählt. Wenn du herumkommen und die Welt sehen möchtest, ist das diese Realität. Was würdest du kreieren, wenn du alles kreieren würdest, was du möchtest?“

Das heißt es, die Energie davon zu sein, über diese Realität hinaus zu kreieren. Es gibt so viele Wahlen! Wie viel mehr Wahlen könntest du haben, wenn du wirklich deine Wahlen hättest? Welche Wahl würdest du treffen, wenn du für dich wählen würdest? Das ist, wo du fragen kannst: „Welche Wahl treffe ich, um das Geld zu haben, das ich derzeit habe, und nicht mehr?“

Bitte stelle dir selbst diese Frage:

FRAGE EINS: *Was habe ich so lebensnotwendig daran gemacht, aus dem Menü dieser Realität zu wählen, was mich davon abhält, meine Realität zu haben?*

Eine Dame, die auf dem Weg war, in die USA zu fliegen, um den Kurs *Conscious Horse, Conscious Rider* zu besuchen, rief mich an und sagte: „In vier Stunden kommt ein Taxi, um mich zum Flughafen zu bringen. Ich möchte diese Reise wirklich machen, aber alles in dieser Realität schreit mich an, nicht zu gehen. ‚Es ist nicht praktikabel. Denk an deine Familie, deine Schwiegereltern, deine Finanzen.‘ Es gibt da ein Muster. Ich mache Dinge, die für andere Leute unvorstellbar sind. Ich sehe Dinge, die ich anders tun oder sein könnte, und doch gibt es da immer noch einen Teil von mir, der diese Realität abkauft.“

Ich fragte: „Von wo versuchst du zu kreieren? Von Gewahrsein? Von Schlussfolgerung? Oder von der Richtigkeit von jemand anderes Ansicht? Wie viel deines fassbaren Universums gehört anderen Leuten?“

Sie sagte: „Es ist mir bewusst, dass ich eine andere Wahl als alle anderen habe. Ich bin mir bewusst, dass ich bereit bin, Wahlen für Dinge zu treffen, die unvorstellbar sind, aber diese Realität nimmt gerade viel zu viel meiner Zeit in Anspruch.“

Beschreibt das dich? Du musst fragen: „Was ist es, das ich kreieren möchte? Was ist das Allerwichtigste in meinem ganzen Leben für mich, dass mich glücklich machen würde, wenn ich es kreieren könnte?" Wählst du wirklich, was dich glücklich macht? Oder versuchst du, andere Menschen dazu zu bringen, dass es ihnen bequem ist und sie glücklich sind?

Warum ist es ein Problem für dich, dass andere Leute nicht deine Ansicht teilen? Wenn niemand dir zustimmt, musst du dann die Richtigkeit in ihrer Ansicht sehen? Warum kümmert es dich überhaupt, warum sie wählen, was sie wählen? Warum kümmert dich ihre Ansicht? Weil du es solltest? Das nennt sich: „Jemand anderes gesunder Menschenverstand muss größer sein als meiner, denn ich weiß, dass ich verrückt bin." Du denkst, die Männer mit den weißen Westen kommen und holen dich ab. Komme nicht zu einer Schlussfolgerung über das, was du wählst. Stelle eine Frage.

FRAGE ZWEI: *Wenn es keine Schlussfolgerung zu dem gäbe, was ich wähle, was würde ich kreieren?*

Du versuchst immer noch zu sehen, ob die Wahlen, die du getroffen hast, schlecht oder gut waren. Aber wenn du versuchst zu sehen, ob deine Wahlen schlecht oder gut waren, kannst du nicht sehen, was sie kreiert haben. Du kannst nur die Bewertungen sehen, die andere Leute dir geben.

Du triffst eine Wahl uns sagst: „Das war nicht meine beste Wahl." Anstatt dann aber zu fragen: „Was kann ich noch wählen?", fängst du an, danach zu suchen, wo du recht hattest und wo unrecht.

Die Stärke, die du bist

Was wäre, wenn du nie recht hättest? Was wäre, wenn du nie unrecht hättest? Dann wäre nur noch eine Sache übrig, die du sein könntest — absolut stark. Wenn du niemals recht hast und niemals unrecht, ist das Einzige, was bleibt, absolut stark zu sein, denn Stärke kommt aus dem Gewahrsein der Andersartigkeit, die du bist, nicht aus der Bewertung anderer Leute Realitäten darüber, was zu wählen ist.

Die meisten von uns erkennen die Stärke, die wir haben und sind, nicht an. Wie wird es für dich akzeptabel, niemals die Stärke anzuerkennen, die du bist?

FRAGE DREI: *Welche Stärken erkenne ich nicht an?*

Stärke ist ein Ort, wo du weißt, dass du nicht gebrochen werden kannst. Gibt es jemanden, der versucht hat, dich zu brechen? Hat derjenige Erfolg gehabt? Nein. Können andere dich verbiegen, zusammenfalten, zusammentackern und verstümmeln? Nur in dem Maß, wie du es zulässt. Du musst die andere Person nicht als richtig hinstellen. Du musst die Person nicht als falsch hinstellen. Du musst einfach nur stark sein.

Was macht dich stärker als andere Leute? Wenn du keine Bewertung und keine Ansicht hast, insbesondere über dich selbst. Wenn du das tun kannst, bist du stärker als alle anderen.

FRAGE VIER: *Schreibe fünf Dinge auf, von denen du beschlossen hast, dass du so bist, oder fünf Eigenschaften, die du hast. Dann schaue dir jeden einzelnen Punkt an und frage: Ist das falsch oder ist das stark?*

Eigenschaften sind eine Wahl, die du getroffen und dann verfestigt hast, als ob das alles wäre, was du bist, als ob du nicht auch alles andere wärst.

FRAGE FÜNF: *Nun schreibe fünf Dinge auf, die du für wirklich falsch an dir hältst. Dann schau dir jeden einzelnen Punkt an und frage: Ist das etwas Falsches oder ist das etwas Starkes, das ich nicht bereit gewesen bin anzuerkennen?*

Das Beste an dir ist das, was du für falsch an dir hältst. Denkst du zum Beispiel, du seist schlecht mit Geld? Du musst sehen, wie das Gegenteil ebenfalls auf dich zutrifft. Wenn du die eine Seite der Medaille sein kannst, kannst du auch die andere Seite sein. Du kannst auf der Kante der Medaille leben und vor- und zurückspringen, wann immer du möchtest. Du musst bereit sein, die Stärke zu sehen und nicht nach der Schwäche zu suchen.

FRAGE SECHS: *Schau dir jeden Punkt an, den du als Antwort zu Fragen vier und fünf aufgeschrieben hast.*

- *Frage: Was ist das Gegenteil hiervon? Schreibe deine Antworten auf.*
- *Frage: Bin ich auch in der Lage, das Gegenteil hiervon zu sein? Schreibe deine Antworten auf.*
- *Dann frage: Wenn ich bereit bin, dies und das Gegenteil davon zu sein, welche Art von Stärke kann ich haben und sein? Schreibe deine Antworten auf.*

Die Stärke erkennen

Ich habe vor Kurzem herausgefunden, dass die Leute, die ich eingestellt hatte, um sich um viele der finanziellen und rechtlichen Angelegenheiten für uns zu kümmern, es geschafft haben, im letzten Jahr eine Rechnung von einer Dreiviertel Million Dollar an Rechtsgebühren und Finanzforderungen einzufahren. Ich mache mich selbst nicht falsch dafür, dass ich es nicht gesehen habe, bevor sie Mist gebaut haben. Ich nehme einfach dieses Gewahrsein, wähle etwas, das für mich funktioniert und tue es dann.

Es geht nicht darum, etwas sofort zu erkennen, bevor es schiefläuft. Es geht darum, die Stärke davon anzuerkennen, mit einer schwierigen Situation umgehen zu können, was eben diese Situation dir vor Augen führt. Was bist du in der Lage zu regeln, womit andere Leute nicht umgehen können? Und was wäre, wenn es nicht wirklich eine schwierige Situation wäre? Was wäre, wenn es etwas ist, das dir ein Gespür von dir selbst gibt, das du auf keine andere Weise bekommen kannst?

Ich war mir dessen gewahr, dass diese Leute uns einige Informationen geben konnten, die wir brauchten, und wir haben sie bekommen. Ich war davon begeistert, was sie liefern *konnten*, nicht von dem, was sie liefern *würden*. Das nächste Mal schaue ich mir an, was jemand liefern kann und wird.

Um ehrlich zu sein, bin ich dankbar, dass es passiert ist. Wir können jetzt auf eine Art weitermachen, die uns vorher nicht möglich war. War irgendetwas daran falsch? Nein, es war ein Teil dessen, wie wir zu dem Gewahrsein gelangt sind, das wir haben wollen. Ich möchte totales Gewahrsein. Es ist mir egal, was es braucht, um es zu erlangen. Du musst dahinkommen, dass du bereit bist, aus dieser Ansicht zu schauen.

Sich hilflos stellen

Jemand meinte: „Manchmal erscheint es so, als wäre es wertvoller, hilflos zu sein, als die Stärke anzuerkennen, die ich bin."

Ich sagte. „Das ist so, weil du es geschafft hast, eine Menge aus dieser Hilflosigkeit rauszuholen. Wenn du dich hilflos stellst, geben dir die Leute Sachen, sie kümmern sich um dich und sie machen Erledigungen für dich. Deswegen scheint es wertvoller zu sein, sich hilflos zu stellen. Es funktioniert. Die Frage ist: ‚Was möchtest du, dass eintritt?' Es ist nicht falsch, hilflos zu sein. Es ist ein großartiges Werkzeug. Es ist eine Art, um Leute zu verwirren."

Ich bin hilflos, wenn ich hilflos sein muss. Ich bin wirklich gut darin vorzugeben, dass es mir gerade ganz schlecht geht. Als wir die Leute für den Kurs *Conscious Horse, Conscious Rider* registrierten, sagte ich: „Ich weiß nicht, wie ich das auf meinem Handy machen soll. Ich weiß nicht, ob mein Telefon das kann. Könnt ihr das bitte für mich machen?"

Die Person, mit der ich sprach, sagte: „Du musst aufhören vorzugeben, dass du den Mist glaubst, den du uns vorspielst von wegen, dass du mit Technologie nicht umgehen kannst. Wir haben dich zu oft beobachtet, um zu glauben, dass du unfähig bist."

Ich meinte: „Wow, ich habe meine Tarnung auffliegen lassen."

Anstatt die Stärke anzuerkennen, suchst du immer nach der Schwäche und machst die Schwäche falsch. Du fragst nicht: „Wie bin ich stark mit dieser Schwäche? Wenn ich mich hilflos anstelle, wie ist das eine Stärke für mich? Was kreiere ich mit dieser Ansicht?"

Kannst du nicht erkennen, wie genial du bist? Du kannst dich im richtigen Moment hilflos stellen und andere Leute dazu bringen, dass sie genau das für dich machen, was du möchtest. Es ist nur eine Wahl. Wähle, was in den zehn Sekunden funktioniert. Es ist egal, was du wählst. Es ist egal!

Wem wirst du vertrauen?

Die Dame, die kurz davor war, zum Flug zu *Conscious Horse, Conscious Rider* zu fahren, sagte: „Es gibt keinen guten Grund, warum ich in ein Flugzeug steigen und in vier Stunden in die USA fliegen sollte; dennoch sagt mir mein Gewahrsein, dass ich es mir nicht leisten kann, *nicht* in vier Stunden zum Flughafen zu fahren."

Ich fragte: „Also, wem wirst du vertrauen?" Sie sagte: „Mir!"

Du kannst dich jedes Mal, wenn du wählst, vollkommen gegenüber etwas verpflichten. Die Frage ist: Verpflichtest du dich vollkommen *dir* gegenüber?

Sagst du: „Ich fühle mich sicher, wenn ich diesen nächsten Schritt gehe. Vielleicht werde ich von der Klippe stürzen, aber ich weiß immer, dass ich einen Rettungsanker habe"? Weißt du, dass du einen Rettungsanker hast, egal, wie er aussieht, selbst, wenn es deine eigene Stärke ist? Oder sagst du: „Oh, mein Gott! Ich habe nichts! Wozu mache ich das?"

FRAGE SIEBEN: *Wenn ich keinen Rettungsanker hätte, was würde ich sein?*

Die Zukunft alle 10 Sekunden kreieren

Die Dame, die kurz davor war, den Flug anzutreten, wusste, dass ihr Leben besser werden würde, wenn sie den Kurs *Conscious Horse, Conscious Rider* besuchte, obwohl sie keinen Schimmer davon hatte, wie das funktionieren sollte.

Die meisten von uns haben die Ansicht: „Nun, wenn es hierbei darum geht, Geld in der Zukunft zu kreieren, kann ich es machen, aber wenn es nicht um zukünftiges Geld geht, kann ich es nicht tun."

Ich mache das nicht. Ich frage: „Wenn ich das wähle, wie wird meine Zukunft sein? Wenn ich das nicht wähle, wie wird meine Zukunft sein?"

Selbst bei den Leuten, die uns um eine Dreiviertel Million brachten, wusste ich, dass wir eine Zukunft kreieren. Dann gab es einen gewissen Punkt, an dem ich sagte. „Okay, das kreiert die Zukunft nicht. Es geht nicht in die Richtung, die die Zukunft, die wir gerne hätten, verwirklichen kann. Es muss sich etwas ändern. Etwas muss hier anders sein."

Als uns bewusst wurde, dass sich etwas ändern musste, taten wir, was erforderlich war, um es zu ändern. Du musst dir bewusst sein, wenn es an der Zeit ist, etwas zu ändern. Du musst dir bewusst sein, wenn es an der Zeit ist, etwas zu tun. Funktioniere nicht aus der Vorstellung heraus, irgendetwas sei richtig oder falsch oder gut oder schlecht. Es ist einfach, wie es ist.

Sobald du in das „Richtig" oder „Falsch" gehst, tötest du die Zukunft. Sobald du nach dem Fehler oder der Schwierigkeit suchst, tötest du die Zukunft. Du musst dir etwas anschauen und fragen: „Okay, wohin gehe ich jetzt von hier aus? Wohin gehe ich jetzt von hier aus, was eine großartigere Zukunft aufrechterhält, als ich überhaupt weiß, dass möglich ist?"

Du bist einfach, wo du bist, und du musst woanders hingehen. Es geht nicht um: „Ich muss es richtig machen." oder „Ich muss sicherstellen, dass ich diesen Fehler nicht noch einmal mache." oder irgendetwas dieser Art. Es geht um: „Ich weiß, wo ich hingehe und ich bin bereit, dorthin zu gehen."

Du musst fragen: „Wenn ich keine Falschheit, Bewertung oder die Einschätzung, etwas sei „schlecht", kreieren würde, wie schnell würde sich das, was ich mir wünsche, in meiner Zukunft verwirklichen?" Das ist die nächste Frage auf deiner Liste, weil du aufhören musst, in das Richtig und Falsch zu gehen.

FRAGE ACHT: *Wenn ich keine Falschheit, Bewertung oder die Einschätzung, etwas sei „schlecht", kreieren würde, wie schnell würde sich das, was ich mir wünsche, in meiner Zukunft verwirklichen?*

Du gehst in eine Richtung los, und wenn es sich nicht so entwickelt, wie du meinst, dass es sich entwickeln sollte, gehst du in die Bewertung darüber, was dann die Zukunft zerstört, die du kreiert hast.

Ein guter Freund von mir sagt: „Es sieht nie so aus, wie du denkst, dass es aussehen wird." Wenn es anders sein wird, als wir gedacht haben, dass es sein würde, wie wird es sein?

Dies betrifft all die Bereiche, in denen du dachtest, du müsstest etwas kreieren oder tun und anfängst zu fragen: „Oh, mein Gott. Was habe ich falsch gemacht?"

Was du falsch gemacht hast, ist, dass du beschlossen hast, etwas falsch gemacht zu haben – und die Zukunft hörte in diesem Moment auf. Wir verbringen mehr Zeit unseres Lebens damit, unsere Zukünfte zu beenden, als ihre Möglichkeiten zu kreieren.

Um das unüberwindliche Objekt herumkommen

Du stellst der Zukunft, die du versuchst zu kreieren, Berge in den Weg. Um die Berge loszuwerden, musst du die Art, wie du Dinge tust, ändern.

Wenn die Berge da sind, sind sie deine Kreation. Was wäre, wenn es auch an dir läge, sie so einfach zu zerstören, wie du sie kreiert hast? Die Schwierigkeit liegt darin, dass die meisten von uns das nicht sehen wollen, denn wenn wir es sehen würden, müssten wir an jemanden glauben, an den wir nicht glauben — an uns selbst.

Du siehst ein unüberwindliches Objekt und denkst, dieses unüberwindliche Objekt sei wirklich real. Ich schaue es mir an und frage: „Wie komme ich darum herum?"

Das unüberwindliche Objekt ist das Ding, um das du herumkommen musst, und nicht das Ding, das du überwinden musst. Was wäre, wenn es nichts zu überwinden gäbe, und es nur gelten würde, alles zu umgehen? Aber du hältst dich nicht für so gut, oder? Ich glaube, dass du so gut bist, aber du tust es nicht. Du hast die Fähigkeit, Dinge zu wählen, die andere Leute nicht wählen können, aber du tust weiter so, als sei das falsch oder dass du irgendwie falsch liegst oder dass etwas anderes eintreten muss.

Ich schaue mir an, wo ich stehe. Ich bin in der Gegenwart. Ich frage: „Wo muss ich hingehen? Was muss ich heute tun? Was muss heute geregelt werden?"

Andere Leute wichtiger machen als dich

Hast du festgestellt, dass wenige Menschen in deinem Leben wirklich an dir interessiert sind? Die meisten von ihnen möchten nur über sich selbst sprechen. Warum ist das so? Weil sie dumm sind! Dumme Menschen sprechen immer über sich selbst; sie sind überhaupt nicht an dir interessiert. Eine intelligente Person ist an allen interessiert, was übrigens bedeutet, dass die meisten Menschen nicht intelligent sind. Wenn Leute nicht an dir interessiert sind, liegt das daran, dass sie nicht intelligent sind.

Du weigerst dich, das zu sehen. Du schlussfolgerst, dass jemand, wenn er sich nicht für dich interessiert, großartiger oder wichtiger ist als du. *Wichtig* bedeutet, dir überlegen. Leute haben mir erzählt, dass sie andere großartiger oder wichtiger machen wegen ihrer Karriere oder ihres Geldes oder weil sie freundlich oder gastfreundlich zu sein scheinen, oder wegen etwas anderem. Warum versuchst du, jemand anderen großartiger oder wichtiger als dich zu machen?

Wenn du andere wichtiger machst als dich, kreierst du gegen dich. Ich habe beispielsweise unsere Rechtsberater wichtiger als mich gemacht, weil ich dachte, sie wüssten etwas, das ich nicht weiß. Wussten sie Dinge, die ich nicht wusste? Nein. Sie hatten Informationen, die ich nicht hatte. Das ist etwas anderes. Das bedeutet nicht, dass sie mehr wussten als ich oder dass sie wichtiger waren. Ich schaute die Informationen an, die sie mir geben konnten und sah das als so wichtig an, dass ich hinnehmen musste, was sie taten. Ich war bereit, nicht zu sehen, was sie taten, weil ich sie so wichtiggemacht hatte. Wir alle haben das schon einmal gemacht. Das heißt nicht, dass wir falschliegen. Das heißt nur, dass wir ein wenig kurzsichtig waren.

Jemand anderen als wertvoll zu sehen ist etwas anderes, als jemanden wichtig zu machen. Wertvoll ist jemand, der dir etwas geben wird. Ich habe Leute, die für mich arbeiten. Sind sie in der Lage, das zu tun, was ich tue? Nein. Ist das bedeutsam? Nein. Es ist unwichtig, ob andere in der Lage sind zu tun, was ich tue. Wichtig ist, dass sie tun, was ich von ihnen brauche, damit mein Leben funktioniert. Wenn jemand das macht — wenn er bereit ist, zu tun, was ich von ihm brauche, dass er tut, damit mein Leben funktioniert — ist diese Person wertvoll in meinem Leben.

Für mich ist das Hausmädchen, das mein Haus putzt und meine Bettwäsche wechselt, extrem wertvoll. Sie ist ein Beitrag für mein Leben. Warum? Weil es hilfreich ist, wenn ich in mein Zimmer gehe und sehe, dass mein Bett gemacht ist und toll aussieht? Auf jeden Fall. Wenn du beschlossen hast, dass jemand nicht wertvoll ist, kann er nicht mit dir kreieren. Er kann nur gegen dich kreieren.

FRAGE NEUN: *Wen mache ich nicht wertvoll in meinem Leben, der, wenn ich ihn wertvoll machen würde, mehr in meinem Leben kreieren würde?*

___

___

___

___

___

ARBEITSBUCH: FRAGEN
KAPITEL FÜNF

FRAGE EINS: *Was habe ich so lebensnotwendig daran gemacht, aus dem Menü dieser Realität zu wählen, was mich davon abhält, meine Realität zu haben?*

FRAGE ZWEI: *Wenn es keine Schlussfolgerung zu dem gäbe, was ich wähle, was würde ich kreieren?*

FRAGE DREI: *Welche Stärken erkenne ich nicht an?*

FRAGE VIER: *Schreibe fünf Dinge auf, von denen du beschlossen hast, dass du so bist, oder fünf Eigenschaften, die du hast. Dann schaue dir jeden einzelnen Punkt an und frage: Ist das falsch oder ist das stark?*

FRAGE FÜNF: *Nun schreibe fünf Dinge auf, die du für wirklich falsch an dir hältst. Dann schau dir jeden einzelnen Punkt an und frage: Ist das etwas Falsches oder ist das etwas Starkes, das ich nicht bereit gewesen bin anzuerkennen?*

FRAGE SECHS: *Schau dir jeden Punkt an, den du als Antwort zu Fragen vier und fünf aufgeschrieben hast.*

- *Frage: Was ist das Gegenteil hiervon? Schreibe deine Antworten auf.*
- *Frage: Bin ich auch in der Lage, das Gegenteil hiervon zu sein? Schreibe deine Antworten auf.*
- *Dann frage: Wenn ich bereit bin, dies und das Gegenteil davon zu sein, welche Art von Stärke kann ich haben und sein? Schreibe deine Antworten auf.*

FRAGE SIEBEN: *Wenn ich keinen Rettungsanker hätte, was würde ich sein?*

FRAGE ACHT: *Wenn ich keine Falschheit, Bewertung oder die Einschätzung, etwas sei „schlecht", kreieren würde, wie schnell würde sich das, was ich mir wünsche, in meiner Zukunft verwirklichen?*

FRAGE NEUN: *Wen mache ich nicht wertvoll in meinem Leben, der, wenn ich ihn wertvoll machen würde, mehr in meinem Leben kreieren würde?*

KAPITEL SECHS

WOHLSTAND UND VERMÖGEN

Ich kenne eine Dame, deren Ururgroßvater Ende des 19. Jahrhunderts aus Irland in die Vereinigten Staaten kam. Er ging nach Texas und fragte: „Wie kann ich Land bekommen?"

Er sagte: „Ich kann Sättel machen. Das ist die einzige Sache, wo ich eine Fähigkeit habe." Also machte er Sättel und tauschte sie gegen Land ein, das damals wirklich billig war. Es gab viel Land. Es war Texas; es war groß, und am Ende hatte er über 80.000 Morgen Land.

Um ein Vermögen zu kreieren, braucht es die Fähigkeit zu sehen, was möglich ist und dann zu sagen: „Okay, ich mache das." Dieser Mann wandte seine Fähigkeit an, um ein Vermögen zu kreieren. Er war bereit, ein Vermögen zu sein.

Ein Vermögen zu sein bedeutet zu erkennen, dass alles, was sich in deinem Leben zeigt, verwendet werden kann, um etwas Großartigeres zu kreieren, also stellte er Sättel her und tauschte sie gegen Land ein. Dann tauschte er Sättel gegen Vieh ein. Dann kaufte er mehr Vieh und fuhr damit fort, ein Vermögen zu kreieren. Er kreierte einen Raum für eine Möglichkeit, die andere nicht sehen konnten.

Damals kamen viele Iren in die Vereinigten Staaten, um Ruhm und Reichtum zu suchen, und viele fanden es. Wenn du nicht deinen Ruhm und Reichtum anstrebst, kannst du deinen Ruhm und Reichtum nicht finden.

Bist du bereit, jemand zu sein, der ein Vermögen hat? Oder bist du nur bereit, jemand zu sein, der hart für sein oder ihr Geld arbeitet?

> Was hast du so lebensnotwendig daran gemacht, hart für dein Geld zu arbeiten, was dich weiter bedauernswert sein lässt, anstatt ein Vermögen zu haben? Alles, was das ist, mal Gottzillionen, zerstörst und unkreierst du das alles? Right and Wrong, Good and Bad, POD and POC, All 9, Shorts, Boys, and Beyonds.

Heutzutage haben wir die Ansicht, wohlhabende Menschen hätten einfach nur Glück gehabt. Wir denken, dass irgendein riesiger Glücksfall ihnen alles beschert hat, aber tatsächlich werden die meisten Leute, die bereit sind, ein Vermögen zu haben, etwas Großartigeres sein und tun als andere Menschen bereit sind zu sein und zu tun.

Was könntest du tun, wenn du ein Vermögen hättest?

Wünschst du dir ein Vermögen? Und wenn du ein Vermögen hättest, was würdest du damit tun? Momentan sind in der Lotterie hier in Texas 450 Millionen Dollar. Ich sagte: „Vierhundertfünzig Millionen Dollar! Was könne ich damit machen?“

Die meisten Leute haben die Ansicht, dass in der Lotterie zu gewinnen bedeuten würde: „Ich müsste nicht arbeiten, ich müsste dieses nicht tun, ich müsste jenes nicht tun.“ Sie schauen sich nur an, was sie nicht tun müssten; sie schauen sich nicht an, was sie tun *könnten*, wenn sie ein Vermögen hätten.

> Wenn du ein Vermögen hättest, was könntest du tun, das du derzeit nicht tust? Alles, was das ist, mal Gottzillionen, zerstörst und unkreierst du das alles? Right and Wrong, Good and Bad, POD and POC, All 9, Shorts, Boys, and Beyonds.

Menschen, die Vermögen kreieren, betrachten es aus der Ansicht: „Was kann ich damit kreieren?“ Es gibt keine Begrenzung bei dem, was sie bereit sind zu sein. Wenn du ein Vermögen hast, musst du bereit sein zu sein, was auch immer es braucht, um ein Vermögen zu kreieren, wie der Sattelmacher, der bereit war, der allerbeste Sattelmacher zu sein, der er sein konnte. Ich würde gerne einen seiner Sättel finden. Es würde mir Spaß machen, einfach die Energie dieses Typen zu spüren!

Warte nie, kreiere immer

Ich hatte eine Unterhaltung mit einer Frau, die sich darauf verlagert hatte, auf ihr Vermögen zu warten. Sie sagte: „In den letzten zwei Jahren habe ich an einem Projekt mit der Regierung gearbeitet, das mir ein Vermögen bringen wird. Vor vier Monaten wurden die Unterlagen unterzeichnet; allerdings werde ich kein Geld bekommen, bevor die endgültige Ankündigung erfolgt, und diese Ankündigung kommt nicht.“

Ich sagte: „Du musst sie anrufen und sagen: ‚Ich danke Ihnen, dass Sie das machen, aber Sie zahlen nicht und machen keine Ankündigung. Ich werde jetzt mit anderen Sachen weitermachen, aber ich halte immer noch an dem Vertrag mit Ihnen fest.'"

Sie sagte: „Nun, ich habe einige Leute angerufen und sie sagen immer: ‚Du musst auf diese Ankündigung warten.' Diese Ankündigung bedeutet ein Vermögen für mich."

Ich fragte: „Warum setzt du dein Leben auf Pause, anstatt rauszugehen und zu kreieren? Warte nie, kreiere immer. Ich warte nie darauf, dass irgendjemand oder irgendetwas Früchte trägt. Ich gehe los und kreiere, und die Dinge tragen Früchte. Fange mit deinem nächsten Projekt an, wenn das nötig ist. Was kannst du noch finden, das Geld kreieren kann? Darauf warten, dass jemand eine Ankündigung macht?

Komm schon, es ist schon möglich, dass sie es schaffen, aber wenn du dasitzt und zwei Jahre wartest, wirst du verhungern und sterben, bevor du Geld verdienst."

Sie verstand es nicht. Sie wiederholte weiter: „Aber das bedeutet ein Vermögen für mich ..."

Ich sagte: „Du sagst: ‚Dieses Projekt ist die Quelle meines Vermögens.' Nein. Dieses *Projekt* ist nicht die *Quelle* deines Vermögens. *Du* bist die Quelle deines Vermögens!"

Warte nie. Kreiere immer weiter. Du kannst dich nicht auf eine Sache verlassen, die dir dein Vermögen bringen soll. Vermögen kommt nie aus einer Quelle. Es kommt aus dem Universum und deiner Bereitschaft, es zu kreieren. Setz nicht alles auf eine Karte. Gehe nicht davon aus, dass es nur einen Ort gibt, von dem Vermögen kommen kann. Vermögen kommt aus dem, was du persönlich in der Lage bist zu kreieren. Wenn du in der Lage bist, eine Quelle des Vermögens zu kreieren, wie viele andere Vermögensquellen vermeidest du?

> Wie viele Vermögensquellen vermeidest du, um die begrenzte finanzielle Realität zu kreieren, die du derzeit hast? Alles, was das ist, mal Gottzillionen, zerstörst und unkreierst du das alles? Right and Wrong, Good and Bad, POD and POC, All 9, Shorts, Boys, and Beyonds.

Du als Humanoid hast die Fähigkeit, Vermögen zu erkennen. Du hast die Fähigkeit, es leise an die Tür klopfen zu hören, aber du stellst dich taub.

> Alles, was du getan hast, um dich selbst gegenüber dem leisen Klopfen des Vermögens taub zu machen, zerstörst und unkreierst du das alles? Right and Wrong, Good and Bad, POD and POC, All 9, Shorts, Boys, and Beyonds.

Die Herausforderung wählen vs. das Einfachste wählen

Ich habe oft über die Antiquitäten gesprochen, die zu mir kommen. Ich bekomme Gelegenheiten, Antiquitäten zu kaufen, und ich schaue sie mir an und sage: „Ja.", „Nein." Es ist für mich eine Gelegenheit, um etwas Geld zu machen.

Wenn ich mit Leuten darüber spreche, sagen sie: „Ja, aber ..." Warum hast du ein *Aber* auf deinem *Ja*? Wenn du nicht bereit bist, dass sich alle Türen öffnen und jede zur Verfügung stehende Möglichkeit zu wählen, kreierst du einen Ort, wo du nicht haben kannst, anstatt einen Ort, wo du haben kannst.

> Alles, was das ist, mal Gottzillionen, zerstörst und unkreierst du das alles? Right and Wrong, Good and Bad, POD and POC, All 9, Shorts, Boys, and Beyonds.

Ich sprach mit einer Frau, die sagte: „Es gab mal eine Zeit in meinem Leben, wo alles ziemlich leicht kam, und ich habe die Herausforderung gewählt. Ich wählte eine herausfordernde Arbeit und einen herausfordernden Ehemann, und habe mich inzwischen scheiden lassen. Es war einfach nur eine Herausforderung nach der anderen. Es ist leicht für mich, das Falsche in diesen Wahlen zu entdecken. Was kann ich tun, um mir die Fähigkeit, Herausforderungen zu kreieren, zunutze zu mache, um Wohlstand zu kreieren?"

Ich sagte: „Offensichtlich möchtest du eher eine Herausforderung als ein Vermögen. Was ist leichter zu haben? Eine Herausforderung oder ein Vermögen?"

Du denkst, eine Herausforderung sei das Ding, das dich dazu bringt, härter zu arbeiten. Aber das heißt einfach nur, dass du hart für dein Geld arbeitest. Das bedeutet nicht, ein Vermögen zu haben. Die einfachste Art für den Sattelmacher war, Sättel herzustellen. Das war ein Kinderspiel für ihn.

> Was hast du so wertvoll daran gemacht, hart für dein Geld zu arbeiten, das dich weiter bedauernswert sein lässt, anstatt jemand zu sein, der ein Vermögen hat? Alles, was das ist, mal Gottzillionen, zerstörst und unkreierst du das alles? Right and Wrong, Good and Bad, POD and POC, All 9, Shorts, Boys, and Beyonds.
>
> Welche Energie, welcher Raum und welches Bewusstsein kannst du sein, die dir erlauben, die leichteste Art zu wählen, um ein Vermögen zu kreieren, in alle Ewigkeit? Right and Wrong, Good and Bad, POD and POC, All 9, Shorts, Boys, and Beyonds.

Was ist einfach zu haben, das du als Kind für ein Vermögen gehalten hast? Wenn du als Kind hundert Dollar hast, denkst du, du hast ein Vermögen – und für ein Kind *sind* hundert Dollar ein Vermögen.

> Was tust du, das für dich ein Kinderspiel ist, das du nicht nutzt, um ein Vermögen zu kreieren? Alles, was das ist, mal Gottzillionen, zerstörst und unkreierst du das alles? Right and Wrong, Good and Bad, POD and POC, All 9, Shorts, Boys, and Beyonds.

Eine Freundin sagte zu mir: „Ich liebe es, Cookies zu backen, und ich mache gute Cookies. Aber als jemand, der zwanzig Jahre lang mit psychischen Problemen und Depression gearbeitet hat, bewerte ich Cookies zu backen als geringer als im psychologischen Bereich zu arbeiten."

Ich sagte: „Gott weiß, dass ein Cookie nie irgendjemandes Universum verändert – oder vielleicht doch?" Ich kannte eine ganz tolle Dame vor vielen Jahren, als ich in Santa Barbara im Immobilienbereich tätig war. Sie hieß Debbie. Sie backte alle möglichen Cookies und Köstlichkeiten für ihre Hausbesichtigungen. Ihre Desserts waren so gut, dass andere Immobilienmakler sie fragten: „Kann ich Sie dazu bringen, ein paar Cookies für meine Hausbesichtigung zu machen? Es wird mir ein Vergnügen sein zu bezahlen." Sechs Monate später war sie nicht mehr im Immobiliengeschäft und kreierte ihr eigenes Business mit dem Namen „Debbie's Delights". Heute ist es eine Großbäckerei mit einem Jahresumsatz von über 50 Millionen Dollar. Die Bewertung, Cookies zu machen sei geringer als etwas anderes, ist eine Art zu vermeiden, ein Vermögen zu machen.

Ich fragte die Dame, die Cookies backen wollte: „Bist du nicht bereit, die süße Köstlichkeit des Lebens zu essen?"

Sie sagte: „Ich würde mich schuldig fühlen, wenn es so einfach ginge."

Ich sagte: „Ich schlage vor, dass du diesen Armutsspruch aufgibst, um zu beweisen, wie genial du bist, um die Armut zu überleben! Ich fordere dich heraus."

> Ich fordere dich heraus, mit einem Vermögen zu leben und die Herausforderung, ein Vermögen zu haben, zu überwinden. Alles, was das für dich hochgebracht hat, mal Gottzillionen, zerstörst und unkreierst du das alles? Right and Wrong, Good and Bad, POD and POC, All 9, Shorts, Boys, and Beyonds.

Das Vermögen findet dich — wenn du bereit bist, es zu haben

Jemand fragte mich: „Was ist der Unterschied dazwischen, ein Vermögen zu finden und ein Vermögen zu kreieren?"

Ich sagte: „Du *findest* ein Vermögen nicht. Du kreierst ein Vermögen. Das Vermögen findet dich — wenn du bereit bist, es zu haben. Ich bin bereit, ein Vermögen zu haben, aber manche Menschen glauben, sie brauchten eine Entschuldigung, um eines zu haben. Wenn du bereit bist, ein Vermögen zu haben, fangen die Dinge an, dich zu finden. Ein Beispiel dafür sind all die Antiquitäten, die ich für wenig bis kein Geld gekauft habe, die sich als sehr wertvoll herausstellten. Ich kenne einen Mann, zu dem Immobilien kommen wie Antiquitäten zu mir. Du hast das Gewahrsein und die Information über die Antiquitäten oder die Immobilien oder was immer es auch ist, und diese Dinge finden dich.

Ich erfahre von Antiquitäten und frage sie: „Bist du mehr wert, als ich für dich zahle?" Als ich anfing, hatte ich keine Informationen darüber. Ich sah einfach nur etwas, das hübsch aussah. Du musst die Dinge aus einer anderen Perspektive betrachten als alle anderen. Ich sah vor Kurzem eine Kollektion chinesischer Objekte in Santa Barbara. Das war toll aussehendes Zeug. Ich fand es ganz großartig. Ich fragte es: „Bist du mehr wert, als ich für dich zahle?" Es sagte: „Ja." Also kaufte ich es. Es stellte sich heraus, dass ein Teil das wert war, was ich für das ganze Set gezahlt hatte. Wusste ich das von Anfang an? Nein. Habe ich es herausgefunden? Ja. Ich bin bereit, zu Leuten zu gehen, die mehr wissen und herauszufinden, was sie wissen.

Ich habe auch im Immobilienbereich schon was gemacht und kenne mich daher ein wenig damit aus. Ich habe all die Arten gesehen, wie Leute Geld machen können mit Immobilen. Ich habe für andere Geld mit Immobilien gemacht. Ich habe anderen Leuten ein Vermögen verschafft, aber nicht für mich selbst. Warum? Zu der Zeit war ich nicht bereit, der Typ zu sein, der ein Vermögen hat. Du musst bereit sein, um das Vermögen zu bitten, du musst bereit sein, das Vermögen zu haben, du musst bereit sein, dich selbst zu überlisten, es zu haben, indem du all die Gründe rechtfertigst, warum du es brauchst.

Vermögen ist das, was alle behaupten zu wollen, und es ist auch das, was sie verunglimpfen. Es ist etwas, das sie wollen; es ist etwas, woran sie Mangel haben, aber sie sind nicht bereit, alles zu tun, was es braucht, um dahin zu kommen. Wenn du einhundert Sättel machen müsstest, um dahin zu kommen, tust du es?

FRAGE EINS: *Wozu kann ich mich heute selbst überlisten, es zu tun, das mir sofort ein Vermögen macht?*

____

____

____

____

____

Den Wettbewerbsvorteil deiner Realität stimulieren

Eine Dame stellte mir eine Frage zu ihrem Partner. Sie sagte, er kreierte ein Vermögen, sei aber nicht bereit, das anzuerkennen und seinen Wert zu kennen.

Ich gab ihr folgende Frage: „Was kann ich tun, um diesen Wettbewerbsvorteil jeden Tag zu stimulieren?"

Sie sagte: „Ich denke, ich habe das gemacht, ohne die Frage zu stellen, und irgendwie ist das nicht freundlich ihm gegenüber. Es wühlt ihn nur auf."

Ich sagte: „Manche Leute möchten aufgerüttelt werden, um mehr zu kreieren, und du musst bereit sein, das zu tun."

FRAGE ZWEI: *Was kann ich heute tun, um den Wettbewerbsvorteil meiner Realität sofort zu stimulieren?*

____

____

____

____

____

Du stimulierst nicht dein Business; du stimulierst *dich*. Du bist die einzige Person, die du schlagen kannst. Ich kann niemand anderen schlagen; ich kann nur mich selbst übertreffen, weil ich der Einzige bin, der all die Werkzeuge hat, die ich habe. Ich bin der Einzige, der alles hat, was ich habe. Ich bin der Einzige, der weiß, wo ich nicht ganz überzeugt bin.

Gibst du dich immer mit weniger zufrieden, als dem, was andere als Wohlstand, Vermögen oder Geld wahrnehmen? Das ist, weil du Wettbewerb hasst. Du lässt dich selbst nicht das Beste haben, weil du versuchst, Wettbewerb zu vermeiden. Was du hasst, ist das, was du kreieren wirst. Wenn du Konkurrenz hasst, wirst du sie kreieren, und das wird der Killer sein, der dich davon abhält, den Überfluss zu empfangen, den du haben kannst.

Ich bin bereit, das Beste zu haben, und zu fordern, dass die Leute besser werden mit dem, was sie wählen. Ich liebe es, wenn die Leute in mein Haus kommen und sagen: „Du hast mich dazu inspiriert, mehr in meinem Leben zu kreieren."

Wenn du das Beste wählst, wenn du wählst, übertrieben zu sein, wenn du wählst, alles zu haben, was du dir im Leben wünschst, inspirierst du andere dazu zu glauben, dass sie haben können, was du hast. Aber du musst dir darüber im Klaren sein, dass sie mit dir in Wettbewerb gehen und haben wollen, was du hast.

FRAGE DREI: *Wenn ich absolut überzeugt und fähig wäre, ein Vermögen zu kreieren, was würde ich heute wählen?*

____

____

____

____

____

Die Ergebnisse der Kreation empfangen

Wir wählen Dinge wie Kämpfen anstatt Selbstsicherheit. Was ist Selbstsicherheit? Das ist: „Ja, ich kann das machen." Du wählst immer wieder, kämpfen zu müssen, weil du die Vorstellung hast, du habest keine Selbstsicherheit. Wenn du selbstsicher wärst, müsstest du nicht kämpfen, es sei denn, natürlich, es gefiele dir. Was gefällt dir besser – Selbstsicherheit oder Kämpfen?

Früher, als ich mich als Immobilienmakler abstrampelte und anderen Leuten Vermögen verschaffte anstatt mir selbst, schaute ich mir meine Situtation gründlich an. Ich war brutal ehrlich mit mir selbst. Ich sagte: „Das ist verrückt. Ich habe gerade einem Kunden 400.000 Dollar verschafft, indem ich diesen Deal für ihn abgeschlossen habe – und habe selbst 10.000 Dollar verdient. Wie kommt das? Weil er das Geld hat, um den Deal abzuschließen, kann er 400.000 verdienen und weil ich die Fähigkeit habe, verdiene ich

10.000 Dollar. Das ist verrückt. Wie kann ich das ändern? Was kann ich anderes sein oder tun, das dies ändern würde, sodass ich derjenige bin, der 400.000 Dollar verdient?"

Brutal ehrlich sein heißt zu wissen, was funktioniert. Es heißt zu sehen, was ist, nicht, was man gerne hätte, dass es ist. Die meisten von euch sind nicht bereit, eure Situation mit brutaler Ehrlichkeit zu betrachten. Ihr sagt: „Nun, ich kann das nicht machen, weil ich nicht selbstsicher bin." oder irgendetwas in dieser Art.

Schau dir dein Leben an. Ich garantiere, dass es irgendwelche Fälle gibt, wo du jemandem anderen zu sehr viel Geld verholfen hast durch das, was du weißt, was du getan hast oder durch die Art, wie du bist. Bedeutet das, dass sie die Quelle sind? Oder bist du die Quelle?

Du musst bereit sein, die Quelle zu sein. Du musst bereit sein, die Quelle der Kreation zu sein und du musst bereit sein, derjenige zu sein, der die Ergebnisse der Kreation empfängt. Bist du bereit, das Vermögen zu empfangen, das damit einhergeht, die Quelle zu sein?

> Überall, wo du beschlossen hast, nicht derjenige sein zu können, der die Ergebnisse der Kreation empfängt, zerstörst und unkreierst du das alles? Right and Wrong, Good and Bad, POD and POC, All 9, Shorts, Boys, and Beyonds.

Die meisten Menschen sind nicht bereit, die Quelle zu sein und die Ergebnisse dessen, was sie kreieren, zu empfangen, aber sie konkurrieren mit sich selbst oder mit anderen, um etwas zu kreieren. *Das* sind sie bereit zu empfangen.

Andere Leute weigern sich, in Wettbewerb zu gehen. Sie verlieren Interesse, wenn sie konkurrieren müssen. Ein Mann fragte mich: „Warum sollte ich mich selbst zu einem Wettbewerb stimulieren?"

Ich sagte: „Weil das, was du hasst, das ist, was du kreierst. Es ist ein Ort, wo du nicht empfangen kannst, nicht sein kannst und nicht erreichen kannst."

Das gehört auch dazu, brutal ehrlich zu sein. Wenn du denkst: „Ich hasse das." und du ehrlich bist, wirst du erkennen: „Oh, ich hasse das." Du wirst fragen: „Wie wird dies zu meinem Vorteil funktionieren?"

Was du hasst, ist auch eine Quelle von Kreation

Als ich in den 1950ern noch Kind war, hatte meine Mutter bunte Aluminium-Trinkgläser. Sie fand sie toll, weil sie nicht zerbrechen konnten. Ich fand sie hässlich. Ich hasste sie.

Vor Kurzem habe ich gesehen, wie diese Gläser für 10 Dollar pro Stück verkauft wurden und fragte: „Warum sollte irgendjemand zehn Dollar für diese hässlichen Dinger ausgeben wollen?" Aber wenn ich bei einem Garagenflohmarkt bin und sechs davon für 25 Cent pro Stück sehe, kaufe ich alle sechs und verkaufe sie an jemand anderen für einen Dollar pro Stück. Ich mache etwas Geld damit. Sie können mir Geld bringen, weil manche Leute sie für schön oder cool oder retro halten. Was du hasst, ist auch eine Quelle von Kreation.

Mit jemandem kreieren

Manchmal fragen die Leute, wie Dain und ich zusammenarbeiten und wie wir in der Lage waren, Access als so viel größer zu kreieren. Gemeinsam können wir mehr kreieren als jeder von uns es einzeln könnte.

Wenn du mit jemandem kreierst, wähle, mit ihm aus folgender Ansicht zu kreieren: a) Wie kann ich ihn beim Kreieren übertreffen?, und b) Sind wir zusammen mehr als getrennt? Du musst bereit sein, über den anderen hinaus zu kreieren und der andere muss auch bereit sein, über dich hinaus zu kreieren, was sein Wettbewerbsvorteil ist, damit ihr beide die ganze Zeit Bockspringen macht.

Neunundneunzig Prozent der Menschen auf der Welt möchten nicht mit anderen Leuten kreieren. Du glaubst vielleicht, jemand möchte mit dir kreieren und nimmst an, er kreiere mit dir. Aber tut er das? Du fragst nicht: „Was möchte diese Person wirklich kreieren?", und „Ist es dasselbe wie das, was ich kreieren möchte?" Du musst dir anschauen, was andere tatsächlich bereit sind zu kreieren. Versuche nicht von dem aus zu kreieren, was du meinst, dass sie wollen. Du musst dir anschauen, was sie wirklich wollen und von da aus kreieren.

Gehe nicht davon aus, dass sie aus dem Königreich des Wir[3] kreieren möchten, weil sie sagen, dass sie das möchten. Ich glaube nie dem, was die Leute sagen. Ich stelle alles in

3. Wenn du aus dem Königreich des Wir wählst, geht es nicht darum, für dich und gegen die andere Person zu wählen. Und es geht auch nicht darum, für dich zu wählen und den anderen auszuschließen. Du wählst für dich und alle anderen; du wählst das, was alle Möglichkeiten erweitern wird, auch deine eigenen. Wenn du das tust, merken die Leute um dich herum, dass ihre Wahl sich durch deine Wahl erweitern wird und sie werden deiner Wahl beitragen und nicht im Widerstand dazu sein.

Frage, was Menschen sagen, denn neunundneunzig Prozent der Leute belügen sich selbst jeden Tag und sie belügen zu achtundachtzig Prozent der Zeit alle anderen den ganzen Tag lang jeden Tag. Es gibt eine zwölfprozentige Chance, dass die Wahrheit aus irgendjemandes Mund kommt. Wenn jemand spricht, ist es gut möglich, dass er lügt.

Die einzige Art festzustellen, ob jemand lügt oder die Wahrheit sagt, ist, wenn du dir anschaust, was derjenige produziert. Was diejenigen tun, macht den Unterschied aus zwischen dem, was sie sagen und dem, was sie kreieren. Achte immer darauf, was jemand tut — niemals, was er sagt.

Wir könnten hier alle brutale Ehrlichkeit vertragen, weil es Zeug gibt, das wir nicht sehen.

FRAGE VIER: *Wo bin ich nicht ehrlich mit mir selbst und bringe mich heute selbst durch Lügen um ein Vermögen?*

FRAGE FÜNF: *Was müsste ich anderes sein oder tun, um durch das, was ich kreiere, so viel wie jemand anders empfangen zu können oder mehr?*

Würdest du gerne ein Vermögen kreieren? Bitte beantworte alle Fragen in diesem Kapitel — und wiederhole das in ein oder zwei Wochen und beantworte sie noch einmal, damit du anfängst, dir bewusst zu werden, was für dich wahr ist.

ARBEITSBUCH: FRAGEN
KAPITEL SECHS

FRAGE EINS: *Wozu kann ich mich heute selbst überlisten, es zu tun, das mir sofort ein Vermögen macht?*

FRAGE ZWEI: *Was kann ich heute tun, um den Wettbewerbsvorteil meiner Realität sofort zu stimulieren?*

FRAGE DREI: *Wenn ich absolut überzeugt und fähig wäre, ein Vermögen zu kreieren, was würde ich heute wählen?*

FRAGE VIER: *Wo bin ich nicht brutal ehrlich mit mir selbst und bringe mich heute selbst durch Lügen um ein Vermögen?*

FRAGE FÜNF: *Was müsste ich anderes sein oder tun, um durch das, was ich kreiere, so viel wie jemand anders empfangen zu können oder mehr?*

KAPITEL SIEBEN

ENTHUSIASMUS FÜRS LEBEN

Dain und ich hatten vor Kurzem eine interessante Unterhaltung mit dem Finanzberater, den wir eingestellt haben, um für uns zu arbeiten. Er ist sehr nüchtern, wenn es um Geld geht. Er sagte: „Ich habe das Gewahrsein, was Sie mit Ihren Steuern machen müssen. Das kann ich wahrnehmen. Aber ich kann nichts zu dem Gewahrsein darüber sagen, was mit Ihren zukünftigen Einkommenskreationen geschehen wird." Also begannen wir, mit ihm darüber zu sprechen.

Er sagte: „Sehr wenige Menschen sind enthusiastisch, wenn es um ihre zukünftigen Einkommensquellen geht. Der Enthusiasmus, den Sie in Bezug auf das Geld haben, das Sie kreieren können, geht über alles hinaus, was ich je gesehen habe."

Für uns geht es immer um großartigere Möglichkeiten. Dain und ich fragen immer: „Was sonst noch? Was sonst noch?" Du musst nach großartigeren Möglichkeiten schauen, immer. Du musst fragen: „Welcher Enthusiasmus muss ich in meinem Leben sein, um die zukünftige Geldrealität zu kreieren, die ich wirklich gerne hätte?"

Die Freude der Kreation, die Freude der Wahl, die Freude der Möglichkeit

Wenn du enthusiastisch bist, wirst du das herausfinden, was funktioniert anstelle von dem, was dich stoppen wird. Die meisten Menschen tun das nicht. Sie suchen eher eine Lösung für ihr Problem. Sie fragen: „Was wird dies lösen?" Sie fragen: „Was wird das lösen?" Sie denken, dass sie in der Lage sein werden zu kreieren, wenn sie „unaufhaltbar" werden können, aber ihnen fehlt der Enthusiasmus für die Freude der Kreation, die Freude der Wahl und die Freude der Möglichkeit. Dies sind die Dinge, die Enthusiasmus im Leben kreieren – Freude, Wahl, Möglichkeiten.

Die Frage: „Was sonst noch?" ist die Form, Struktur und Bedeutsamkeit, die Möglichkeiten kreiert. „Was sonst noch?" schaut auf eine großartigere und enthusiastischere Realität als „Was wird dieses Problem lösen?" Diese drei Elemente, Freude, Wahl und Möglichkeit, kreieren das, was dir Enthusiasmus geben wird, der eine angeborene Eigenschaft ist, die du brauchst, um Geld zu deiner Party einzuladen.

FRAGE EINS: *Welcher Enthusiasmus kann ich sein, um eine komplett andere Realität für mich zu kreieren?*

____

____

____

____

____

Enthusiasmus ist nicht Aufregung

Enthusiasmus und Aufregung sind nicht dasselbe. Enthusiasmus bedeutet, den Moment zu genießen und nichts darauf zu projizieren oder etwas davon zu erwarten. Enthusiasmus sind nicht die Projektionen und Erwartungen dazu, wie die Dinge sich entwickeln *sollten*, wie sie sich entwickeln *werden* oder wie sie sich entwickeln *könnten*. Enthusiasmus kreiert alle Formen von Vorwärtsbewegung. Das ist dieses: „Ich frage mich, wie das aussehen wird?" Enthusiasmus erfordert nicht, dass du irgendetwas abschließt. Es ist eine fortlaufende Explosion und Erfahrung von Möglichkeiten. Wie Dain sagt: „Es ist ein Lichtball, der von innen kommt und sich in deinem Leben ausbreitet." Es ist eine humanoide Eigenschaft.

> Wie viel Energie hast du verwendet, um deine angeborene Fähigkeit zu humanoidem Enthusiasmus zu unterdrücken? Alles, was das ist, mal Gottzillionen, zerstörst und unkreierst du das alles? Right and Wrong, Good and Bad, POD and POC, All 9, Shorts, Boys, and Beyonds.

Enthusiasmus bedeutet, in einer begeisterten Position zu sein. Viele Menschen gehen zur freudigen Aufregung über statt zu Enthusiasmus. Sie sagen: „Ich bin so aufgeregt deswegen!" Diese Art der Aufregung, auf Englisch „EX-citement" (Anm. d. Übers.), bedeutet, außerhalb von etwas zu sein und nicht in etwas. Sie wird aus Projektionen und Erwartungen geboren. Du projizierst und erwartest, was etwas kreieren wird, anstatt zu sehen, was tatsächlich möglich ist. Jegliche Projektion oder Erwartung, jegliches: „Oh, dies wird so toll werden!" ist eine Garantie dafür, dass es ganz schlecht werden wird.

Aufregung ist die Projektion und Erwartung dessen, von dem du meinst, darum gebeten zu haben. Was bewirkt Aufregung? Sie macht eine Möglichkeit zu einer Gelegenheit, und das ist nicht, was du möchtest. Eine Gelegenheit zeigt sich, kurz bevor die Möglichkeit die Tür öffnet — und hält dich davon ab, vorwärts zu gehen. Du kannst geblendet werden durch zuviel Aufregung hinsichtlich deiner Projektionen und Erwartungen darüber, was möglich ist, weil jegliche Projektionen einen blinden Fleck kreieren.

Was ist sonst noch möglich?

Ich habe mich mit der Möglichkeit auseinandergesetzt, eine Ranch hier in Texas zu kaufen, weil ich so viele Pferde in Kalifornien habe und es mich einen Haufen Geld kosten wird, sie dort zu behalten. Dain und ich fuhren raus, um uns Landstücke anzusehen. Ich sagte: „Wir können ein wenig unerschlossenes Land kaufen und etwas darauf bauen." Also zogen wir los und schauten uns unerschlossenes Land an und ich sagte: „Wow, diese Leute verkaufen brachliegendes, hässliches Land. Sie verkaufen das, worauf sie nicht leben möchten. Sie haben beschlossen, dass es keinen Wert hat."

Sie sind wie Leute, die Pferde haben und aus der sogenannten Keulung funktionieren, was bedeutet, dass man die Pferde los wird, die man als Ausschuss betrachtet. Du wählst basierend auf Ablehnung. So kreierst du keine Möglichkeit. Hast du jemals Ablehnung als Quelle der Kreation verwendet?

> Überall, wo du Ablehnung als Quelle der Kreation verwendet hast, zerstörst und unkreierst du das alles? Right and Wrong, Good and Bad, POD and POC, All 9, Shorts, Boys, and Beyonds.

Als Dain und ich uns verschiedene Landstücke ansahen, fragten wir: „Was ist hier noch möglich?" Du kannst etwas nehmen und es zu etwas machen, wozu du auch immer beschlossen hast, es machen zu wollen. Du musst bereit sein zu sehen, was dir in jedem Moment zur Verfügung steht. Das ist es, was ein Gefühl des Enthusiasmus kreiert.

Wir schauten uns ein Stück Land an und gaben ein Gebot ab. Ich sagte: „Oh! Wir haben so viele Steuerschulden. Wie kann ich das machen?", und dann sprach ich mit jemandem, der sagte: „Wenn Sie Ihre Pferde nach Texas bringen, kann Ihnen das eine Ersparnis von 6.000 – 8.000 Dollar im Monat bringen. Das würde Ihre Ausgaben reduzieren, was Ihr Einkommen und ihr Vermögen steigern würde. Warum sollten Sie das nicht tun?"

Ich sagte: „Oh! Ich mache mir um die Steuern Sorgen. Ich muss mir diese Möglichkeit anschauen. Wird die Steuerbehörde die Ranch konfiszieren? Nein, das wird sie nicht tun. Wird sie sich über mich ärgern? Wen kümmert's?"

Wer weiß, was kreiert werden wird auf Grundlage dessen, was du wählst? Du musst erkennen, dass jede Wahl etwas kreieren wird. Es sollte heißen: „Was wird als Ergebnis dieser Wahl eintreten?", und nicht: „Das muss ich tun, weil ..." Jedes Mal, wenn du ein „weil" benutzt, weigerst du dich, dir Möglichkeiten anzusehen. Du steckst dann in Gelegenheiten fest.

Die meisten von uns sind nicht enthusiastisch über das, was wir kreieren werden. Du sagst: „Oh, mein Gott, ich frage mich, ob das funktionieren wird. Oh, mein Gott, wird das funktionieren?" Du denkst häufiger: „Oh, mein Gott", als: „Wow, das ist so cool. Was ist sonst noch möglich?"

Der Schlüssel dazu, enthusiastisch zu sein, liegt darin, bedürfnislos zu sein. Wenn du bedürfnislos bist, kannst du enthusiastisch sein bei allem, was sich in deinem Leben zeigt, das mehr kreieren kann. Wenn du bedürftig bist, wirst du immer Geld als Lösung anstatt als Möglichkeit sehen. Wenn du bedürfnislos bist, hast du Wahl. Wenn du ein Bedürfnis hast, musst du davon ausgehend wählen, ob etwas dieses Bedürfnis erfüllt. Bedürfnislos zu sein macht sehr viel mehr Spaß, weil du Wahl hast.

Die Frage zu sein generiert Enthusiasmus und Möglichkeit

Die Frage zu sein ist Teil dessen, was Enthusiasmus generiert, und weil Fragen die Tür zu allem öffnet, beginnst du zu wissen, was durch die Wahlen möglich ist, die du triffst. Wenn du aus dem Fragen heraus funktionierst, siehst du jedes Mal, wenn du eine Wahl triffst, was kreiert wird. Wenn du jedoch denkst, du müsstest es richtig hinbekommen, triffst du eine Wahl, um zu sehen, ob du es richtig oder falsch gemacht hast. Es geht nie um die Freude der Kreation, es geht nie um den Enthusiasmus und alles, was du wählen kannst.

Wenn du etwas hast, was du erwartest oder wenn du nur ein mögliches Ergebnis hast, nach dem du suchst, ist das eine Todesfalle. Du tötest die Dinge, die Leben kreieren — den Enthusiasmus und die Freude von Kreation, Möglichkeit und Wahl.

> Alles, was du beschlossen hast, das dir erlaubt, die Freude des Enthusiasmus, die Freude des Lebens und die Freude der Möglichkeit loszuwerden, alles, was du getan hast, um etwas zu wählen, das dies ausräumt, wirst du bitte alles, von dem du beschlossen hast, es haben zu müssen, um das als deine Realität zu haben, aufheben, widerrufen, zurücknehmen, zurückfordern, aufgeben, anprangern, zerstören und unkreieren? Right and Wrong, Good and Bad, POD and POC, All 9, Shorts, Boys, and Beyonds.

FRAGE ZWEI: *Wo habe ich abgekauft, dass mein Leben erbärmlich anstatt enthusiastisch sein muss?*

____

____

____

____

____

Sich engagieren

Ich hatte eine Unterhaltung mit einem Mann, der sagte, er stecke darin fest, sich nicht voll für sich einzusetzen. Er sagte: „Ich bin wirklich gut darin, Ablenkungen in meinem Leben zu kreieren. Wenn ich mich hinsetze, um etwas zu machen, kreiere ich eine Ablenkung oder eine Ausrede, um es nicht tun zu müssen. Ich fange Dinge an, aber ich kann sie nicht zu Ende bringen."

Ich sagte: „Du bringst in Wirklichkeit vollen Einsatz. Du hast dich dem verpflichtet, Ausreden zu kreieren und nie etwas abzuschließen."

Er sagte: „Ich würde das gerne ändern."

Ich sagte: „Das kannst du nicht."

Er fragte: „Ich kann es nicht?"

Ich sagte: „Du wirst es nicht."

Er sagte: „Ich würde es gerne."

Ich sagte „Das ist nett. Du wirst es nicht tun."

Er sagte: „Ich werde es tun."

Ich fragte: „Oh, ja? Bist du sicher?"

Er sagte: „Ja."

Ich fragte: „Schwörst du auf einem Stapel Bibeln? Schwörst du bei den Lehren Buddhas?“ Er lachte ein wenig kleinlaut und sagte: „Ich würde nicht ja sagen.“

„Egal, was es braucht”

Ich sagte: „Du bist dem Scheitern mehr verpflichtet als dem Erfolg. Du bist mehr dem verschrieben, dich zu stoppen als dich selbst vorwärtsgehen zu lassen. Wenn du das wirklich ändern möchtest, musst du von dir selbst verlangen: ‚Egal, was es braucht, egal, wen ich verliere, egal, was eintritt, ich verändere das. Es reicht. Dies ist verrückt.‘“

„Jedes Mal, wenn du dich hinsetzt, um etwas zu tun und eine Ausrede findest, sage: ‚Genug. Ich werde keine Ausreden mehr finden. Meine Ausreden sind aufgebraucht. Ich führe das jetzt zu Ende.‘ und dann bringe dich selbst dazu, es zu machen.“

„Wenn du möchtest, dass dies funktioniert, musst du wählen, dich selbst dazu zu bringen, es zu tun. Das ist eine Wahl, die du treffen musst. Die einzige Person auf der Welt, die dich dazu bringt, etwas zu tun, was du nicht tun möchtest, bist du. Du wünschst dir viel mehr, es nicht zu tun, als dass du dir wünschst, es zu tun. Ist das nicht clever? Du sagst: ‚Ich verändere das‘, und dann änderst du’s, zum Henker!“

„Du bist bereit, dich fast allem anderen zu verschreiben, außer dir selbst. Du steckst überhaupt nicht fest. Du lässt dich selbst feststecken. Du weigerst dich einfach rundheraus, irgendetwas zu tun. Du bist ein Refusenik.”

Ein Refusenik war in der Sowjetunion jemand, der keine Erlaubnis bekam, zu emigrieren, insbesondere Juden, denen nicht genehmigt wurde, nach Israel zu immigrieren. Es beschreibt auch eine Person, die sich weigert, Befehle oder das Gesetz zu befolgen, vor allem aus Protest. Es ist jemand, dem das System unangenehm ist oder der die Gesetze wegen einer moralischen Überzeugung nicht einhält.

> Was weigerst du dich zu sein, das du sein könntest, das, wenn du es wärest, deine gesamte finanzielle Realität verändern würde? Alles, was das ist, mal Gottzillionen, zerstörst und unkreierst du das alles? Right and Wrong, Good and Bad, POD and POC, All 9, Shorts, Boys, and Beyonds.

Bitte schaue dir das an. Es gibt nur eine Person, dich dich feststecken lassen kann. Dich! Niemand sonst kann dich feststecken lassen. Du bist der Einzige, der die Macht dazu hat. Warum ist dir diese Macht wichtiger als die Macht der Kreation, des Empfangens und des

Enthusiasmus? Es ist, als ob du feststeckst, damit du nicht enthusiastisch für dein Leben sein kannst. Du bist nicht bereit, alles in deinem Leben zu verändern.

> Wen oder was weigerst du dich zu verlieren, die, wenn du sie verlieren würdest, dir erlauben würden, zu viel verflixtes Geld zu haben? Alles, was das ist, mal Gottzillionen, zerstörst und unkreierst du das alles? Right and Wrong, Good and Bad, POD and POC, All 9, Shorts, Boys, and Beyonds.

FRAGE DREI: *Was habe ich getan, um mich heute zu einem Refusenik zu machen?*

____

____

____

____

____

Es gibt eine andere Möglichkeit im Leben

Du musst verstehen, dass es eine andere Möglichkeit im Leben gibt. Vor Jahren, als ich im Polstereigeschäft tätig war, bin ich zum Haus einer Dame gegangen. Sie wollte alles komplett neu haben. Sie sagte: „Ich renoviere mein Haus. Ich bin zweiundneunzig Jahre alt und werde vielleicht nicht mehr fertig, aber ich möchte Freude haben, während ich es tue."

Ich dachte: „Wow!" Ich fragte: „Was machen Sie derzeit?"

Sie sagte: „Nun, ich stehe morgens um fünf Uhr auf und lese eine Stunde. Dann gehe ich raus und arbeite mit meinem Gärtner zwei Stunden lang im Garten und gehe dann wieder rein und meditiere eine Weile und gehe dann wieder raus und schaue mir alles an. Ich bin so dankbar für das, was die Natur mir gegeben hat. Dann ziehe ich mich an und hole meine Freunde ab — sie sind alle zu alt, um zu fahren — und wir essen zu Mittag." Sie war zweiundneunzig und fuhr sie. Ihr Enthusiasmus für das Leben und dafür, zu leben, war außerordentlich!

Jemand sagte mir: „Ich habe Enthusiasmus, aber ich habe das Gefühl, er tropft wie aus einem kaputten Wasserhahn. Wie kann ich ihn zum Wasserfall des Enthusiasmus machen?"

Ich sagte: „Stelle weiter die Frage: ‚Welche Energie, welcher Raum und welches Bewusstsein kann ich sein, um meinem Leben mehr Fluss hinzuzufügen, mit absoluter Leichtigkeit?'"

Die meisten von euch möchten lieber das Leben erleiden als enthusiastisch wegen eures Lebens sein. Ihr müsst euch eurem eigenen Leben verschreiben. Enthusiasmus ist, wenn du dich deinem eigenen Leben verschreibst. Du generierst es aus dieser Wahl. Du kannst kein Leben haben, dem du nicht verschrieben bist und wo du nicht enthusiastisch bist zu leben.

Ein Teilnehmer beim Fortgeschrittenen-Kurs *Wie man Geld wird* sagte zu mir: „Ich habe beobachtet, wie du immer die Dinge, die in deinem Leben geschehen — sogar das Schlechte — zu deinem Vorteil nutzt. Ich musste sehen, wie du das bist, bevor ich anfing, es selbst zu tun. Es ist wirklich erstaunlich, was sich zeigt, wenn man seine Wahlen nicht bewertet und ihnen erlaubt, einem beizutragen, auch, wenn sich im Moment nicht alles so toll entwickelt hat."

Ich sagte: „Nun, was lässt dich glauben, dass sich etwas nicht so toll entwickelt hat? Vielleicht ist es toller, als du weißt. Jedes Mal, wenn ich denke, etwas funktioniert nicht, bin ich überrascht herauszufinden, was tatsächlich funktioniert."

Alles ist möglich, wenn du etwas nicht als Problem siehst. In dem Moment, wo du etwas als Problem definierst, nimmst du die Möglichkeit weg. Wenn etwas Seltsames vor sich geht, wenn dich jemand betrügt oder übers Ohr haut und du herausfindest, dass du einen Haufen Geld schuldest, von dem du nicht wusstest, dass du ihn schuldest, wie gehst du damit um? Alles ist möglich, wenn du es nicht als Problem siehst. Sobald du etwas als Problem definierst, nimmst du die Möglichkeit weg. Was kreierst du? Einen finanziellen Verlust? Einen Verlust an Geld? Einen Verlust an Leben? Oder alles davon und mehr?

> Was hast du so lebensnotwendig, wertvoll und real an der Unausweichlichkeit des finanziellen Verlustes durch Tod gemacht, das dich immer weiter nach den Gründen und Rechtfertigungen dafür suchen lässt, Armut zu kreieren? Alles, was das ist, mal Gottzillionen, zerstörst und unkreierst du das alles? Right and Wrong, Good and Bad, POD and POC, All 9, Shorts, Boys, and Beyonds.

Suche nach den unendlichen Möglichkeiten

Ich lebe in Texas, wo es Leute gibt, die Ölquellen besitzen. Eines Tages war ich mit einer Gruppe von Leuten zusammen, die von ihren Ölquellen sprachen und dachte: „Wo ist meine Ölquelle, damit ich Millionen von Dollar haben kann?" Dann merkte ich: „Oh! Wenn ich eine Ölquelle haben werde, muss ich zumindest Land besitzen, auf dem man nach Öl bohren kann. Das habe ich nicht." Das war richtig lustig. Ich war wie Leute, die fragen: „Wo ist all mein Geld? Ich möchte in der Lotterie gewinnen." Nun, wenn du im Lotto gewinnen möchtest, musst du in Betracht ziehen, auch Lotto zu spielen!

Wenn du Geld möchtest, musst du anerkennen: „Ich bin gut darin, nicht genug zu kreieren." Dann musst du fragen: „Wie wäre es, wenn ich zu viel kreieren würde? Was ist hier wirklich wahr? Was möchte ich wirklich? Was ist die Sache für mich, die alles großartiger machen wird?"

Es geht nicht um: „Wie kriege ich das richtig hin?", oder „Warum habe ich nicht viel Geld?" Es geht nicht um das, was du als Lösung betrachtest. Wenn du die Lotterie als deine Lösung dafür siehst, nicht genug Geld zu haben, wirst du nicht bekommen, was du dir wünschst. Warum? Weil du beschlossen hast, dass es nur einen Weg gibt. Das Tolle daran, enthusiastisch zu sein, ist, dass du viele verschiedene Wege hast, und jeder kreiert eine anderes Gespür von Leichtigkeit und eine andere Kombination an Möglichkeiten. Du siehst dann nicht einen Weg als die Antwort.

Die meisten Menschen suchen nach der Antwort — und nicht nach den unendlichen Möglichkeiten. Beginne, nach den unendlichen Möglichkeiten zu suchen! Je glücklicher, freudvoller, kreativer und enthusiastischer du bist wegen dem, was sich zeigen kann, umso mehr wird sich der Weg zu dem Erfolg und dem Geld, das du du dir wünschst, zeigen.

Ich habe einige Freunde, die nach einem Grundstück in Australien suchten. Sie gaben ein Gebot ab, der Besitzer akzeptierte es und trat später zurück. Sie sagten: „Oh, nein! Was werden wir tun?"

Ich sagte: „Schaut nach einem anderen Grundstück. Was? Ist das das einzige Grundstück auf der Welt?"

Sie meinten: „Aber das hier war so toll!"

Ich fragte: „Was wäre, wenn ihr losgingt und noch etwas Tolleres fändet? Das Universum ist für euch da und möchte mehr für euch kreieren, wenn ihr den Enthusiasmus habt, wenn ihr die Bereitschaft und die Fähigkeit habt zu kreieren und wenn ihr bereit seid zu schauen, was ihr eurem Leben noch hinzufügen könnt und wie ihr mehr kreieren könnt. Ihr müsst beginnen, von der *Kreation von* und nicht von der *Lösung des Problems von* zu schauen."

Eine Dame schickte mir vor Kurzem zehn Fragen und fragte, wie sie aus ihrem Problem herauskommen könne. Es ging nur um die Begrenzung hiervon und die Begrenzung davon. Es ging darum, was sie nicht hat — und nicht um das, was sie hat. Die meisten Leute schauen, wie sie aus ihren Problemen herauskommen könnten, anstatt, wie sie darüber hinaus kreieren können. Schaust du dir an, was du hast? Bist du dankbar dafür?

Ich habe mein Haus mit Antiquitäten angefüllt, damit ich herumlaufen und dankbar dafür sein kann, solch schöne Dinge in meinem Leben zu haben. Jeden Tag gehe ich in meinem Haus herum und sage: „Wow! Wie habe ich solch ein Glück gehabt, das zu haben? So zu leben? Ein Leben zu haben, indem es dies ist, was ich sein und haben und tun kann?" Ich wache früh auf und sage: „Ich bin so dankbar. Wie viel Glück habe ich? Wie zum Teufel habe ich so viel Glück gehabt, dies als mein Leben zu haben? Was habe ich getan?"

Ich habe nicht all die Dinge getan, die einem angeblich das Beste im Leben geben. Lange Zeit waren Sex, Drogen und Rock-and-Roll mein Lebensstil, aber ich hatte immer Enthusiasmus fürs Leben. Du musst Enthusiasmus fürs Leben haben.

> Wie viel deines Enthusiasmus fürs Leben unterdrückst du, damit du nie aus dem totalen Enthusiasmus fürs Leben leben musst? Alles, was das ist, mal Gottzillionen, zerstörst und unkreierst du das alles? Right and Wrong, Good and Bad, POD and POC, All 9, Shorts, Boys, and Beyonds.

Bitte beantworte die folgenden Fragen noch einmal — und dann noch einmal. Und wähle, aus der Freude der Kreation, der Freude der Wahl und der Freude der Möglichkeit zu leben.

ARBEITSBUCH: FRAGEN
KAPITEL SIEBEN

FRAGE EINS: *Welcher Enthusiasmus kann ich sein, um eine andere Realität für mich zu kreieren?*

FRAGE ZWEI: *Wo habe ich abgekauft, dass mein Leben erbärmlich anstatt enthusiastisch sein muss?*

FRAGE DREI: *Was habe ich getan, um mich heute zu einem Refusenik zu machen?*

KAPITEL ACHT

GELD IST LEICHT ZU HABEN

Hier ist deine erste Frage. Bitte schreibe deine Antworten auf.

FRAGE EINS: *Wenn ich alles hätte, was ich mir im Leben wünsche, was müsste ich sein?*

> Was hast du so lebensnotwendig, wertvoll und real an der Unausweichlichkeit davon gemacht zu sein, was du sein musst, um zu bekommen, was du dir wirklich wünschst, das du dich weigerst zu sein, um nicht zu bekommen, was du dir wirklich wünschst? Siehst du, wie dumm das ist? Merkst du, dass du gegen dich selbst arbeitest? Warum bist du dein eigener schlimmster Feind? Du kämpfst gegen alles, von dem du sagst, es dir zu wünschen, und alles, von dem du sagst, dass du es willst. Eine gute Wahl? Eine schlechte Wahl? Unglaubliche Dummheit? Alles, was das ist, mal Gottzillionen, zerstörst und unkreierst du das alles? Right and Wrong, Good and Bad, POD and POC, All 9, Shorts, Boys, and Beyonds.

FRAGE ZWEI: *Wo und wann habe ich beschlossen, dass ich der Einzige bin, der klug genug ist, mich davon abzuhalten, alles zu bekommen, was ich mir wirklich wünsche?*

Wo und wann habe ich beschlossen, dass ich der Einzige bin, der klug genug ist, mich davon abzuhalten, alles zu bekommen, was ich mir wirklich wünsche? Alles, was das ist, mal Gottzillionen, zerstörst und unkreierst du das alles? Right and Wrong, Good and Bad, POD and POC, All 9, Shorts, Boys, and Beyonds.

Die Forderung stellen

Das ist, wo du die Forderung stellen musst: „Ich weiß nicht, was zum Teufel ich tue, aber offensichtlich bekomme ich nicht, was ich mir wirklich wünsche, also verändere ich alles, was auch immer es braucht, damit sich das verändert." Du musst diese Forderung stellen.

Du musst auch erkennen, dass du Menschen in deinem Leben kreiert hast, die eine Menge Dinge tun können, und sie werden dich bei dem unterstützen, was du kreieren möchtest. Heute sprach ich mit einer Freundin, die herausgefunden hat, dass ihr Vater 950 Rinder absolut frei hat herumlaufen lassen, weil er nicht bereit war, die Cowboys rausgehen und ihre Arbeit machen zu lassen. Sie sagte: „Ich weiß nicht, wie wir diese Kühe zusammentreiben werden."

Ich rief einen Jungen an, den ich beim Kurs *Conscious Horse, Conscious Rider* getroffen hatte und fragte: „Kennst du jemanden, der diese Kühe zusammentreiben könnte?"

Er rief nach fünf Minuten zurück und sagte: „Ich habe Leute, die bereit sind, das zu tun." Wie bitte? So funktioniert es. Wenn du bereit bist, die Fragen zu stellen: „Was würde es brauchen, um das zu kreieren?", und „Was würde es brauchen, um eine andere Möglichkeit zu kreieren?", wird das Universum alles tun, um dich zu unterstützen — wenn du dich nicht weigerst, es zu sein und zu haben.

Es gibt Möglichkeiten auf der Welt, die wenige Menschen zu sehen in der Lage sind. Wer kann sie sehen? Jeder, der dies wählt. Aber du wählst, es nicht zu tun. Warum wählst du, es nicht zu tun? Ich versuche, dich dazu zu bringen, zu wählen. Dir steht so viel zur Verfügung und du tust so, als hättest du keine Wahl.

Überfluss oder Wegfließen?

Merkst du, dass du keinen Überfluss wählst? Vielleicht hast du Überfluss mit Wegfließen verwechselt und falsch angewendet. Wegfließen ist, wenn du Durchfall hast. Überfluss ist, wenn du zu viel Geld hast. Eine Dame sagte mir, sie habe diese englischen Wörter („affluence" und „effluence") in einem Wörterbuch von 1828 nachgesehen. Sie meinte: „ ‚Effluence' ist ein Heraus- oder Wegfließen. ‚Affluence' ist ein Hinfließen. Es ist eine Fülle an Reichtümern. Ich liebe es, dass ‚effluence' Wegfließen und ‚affluence' Hinfließen ist."

> Wie wäre es, wenn du bereit wärst, anzuerkennen, dass Überfluss ein Zustand des Empfangens ist, den du verweigert hast? Alles, was dir nicht erlaubt, dieses Maß an Empfangen zu haben, zerstörst und unkreierst du das alles? Right and Wrong, Good and Bad, POD and POC, All 9, Shorts, Boys, and Beyonds.

Vielleicht hast du dich genug verändert, um zu wissen, dass das wahr ist, doch weigerst du dich immer noch, die Geldsituation in deinem Leben zu ändern. Du könntest das aufgeben, aber du wirst das wahrscheinlich nicht tun. Du denkst, Armut macht viel mehr Spaß als Überfluss.

> Wo und wann hast du beschlossen, dass du der Einzige bist, der klug genug ist, dich davon abzuhalten, alles zu bekommen, was du dir wirklich wünschst? Alles, was das ist, mal Gottzillionen, zerstörst und unkreierst du das alles? Right and Wrong, Good and Bad, POD and POC, All 9, Shorts, Boys, and Beyonds.

Was hast du so lebensnotwendig, wertvoll und real an Armut gemacht, das dich davon abhält, das zu wählen, was Überfluss kreieren würde? Die meisten von euch denken, Überfluss sei wie Wegfließen, oder einen Furz zu lassen. Überfluss bedeutet nicht, einen Furz zu lassen. Es bedeutet, Geld zu kreieren.

Dies ist der Grund, warum ich dich bitte, Wörter im Wörterbuch nachzuschauen. Wenn du Wörter nachschlägst, beginnst du zu sehen, was sie wirklich bedeuten und kannst eine andere Realität wählen. Wenn du sie nicht nachschaust und nicht weißt, was sie bedeuten, hast du dann ein wirkliches Gewahrsein davon, was dir zur Verfügung steht? Nein.

> Würdest du anerkennen, dass eine der Arten, auf die du Überfluss, Fülle und zu viel Geld zu haben verweigerst, ist, indem du dich nicht weiterbildest in dem, was du sagst und denkst? Alles, was du getan hast, um nicht totales Gewahrsein davon zu haben, was du sagst und denkst, zerstörst und

unkreierst du das alles? Right and Wrong, Good and Bad, POD and POC, All 9, Shorts, Boys, and Beyonds.

Welche Energie, welcher Raum und welches Bewusstsein benutzt du, um das Gewahrsein und die Weiterbildung zu vermeiden, die dir den Überfluss geben würde, wählst du? Alles, was das ist, mal Gottzillionen, zerstörst und unkreierst du das alles? Right and Wrong, Good and Bad, POD and POC, All 9, Shorts, Boys, and Beyonds.

Bilde dich fort in dem, was du sagst und denkst

Eine Dame erzählte mir: „Ich habe gerade das Wort empfangen (englisch: receive) nachgeschlagen, weil das Empfangen etwas ist, mit dem ich Schwierigkeiten hatte. Die erste Bedeutung ist ‚etwas gegeben, geschenkt oder bezahlt bekommen'. Die zweite Bedeutung ist ‚leiden, erfahren oder ausgeliefert sein'. Ich sehe, dass ich die zweite Bedeutung angenommen habe.

Das haben viele von uns gemacht. Du hast die Bedeutung des Wortes genommen, die die Begrenzungen rechtfertigt, die du kreierst.

Alles, was du getan hast, um zu vermeiden, dich darin fortzubilden, wie du mehr bekommst und bist, und alles, was du getan hast, um dich darin fortzubilden, wie du dich mehr begrenzt, zerstörst und unkreierst du das alles? Right and Wrong, Good and Bad, POD and POC, All 9, Shorts, Boys, and Beyonds.

Was hast du so lebensnotwendig, wertvoll und real an Armut gemacht, das dich davon abhält, das zu wählen, was Überfluss kreieren würde? Alles, was das ist, mal Gottzillionen, zerstörst und unkreierst du das alles? Right and Wrong, Good and Bad, POD and POC, All 9, Shorts, Boys, and Beyonds.

Was möchtest du wirklich in deinem Leben kreieren? Möchtest du mehr Geld kreieren, als du je für möglich gehalten hast? Oder hast du bereits beschlossen, dass du es nicht haben kannst?

Hast du dich selbst vollkommen deprimiert gemacht wegen dem, von dem du beschlossen hast, es nicht haben zu können, weil du es offensichtlich nicht haben kannst, weil du es nicht hast? Zerstörst und unkreierst du all das? Right and Wrong, Good and Bad, POD and POC, All 9, Shorts, Boys, and Beyonds.

FRAGE DREI: *Welchen Enthusiasmus vermeide ich, um sicherzustellen, dass ich finanziell nicht erfolgreich bin?*

____

____

____

____

____

Eine Forderung erlaubt dir, Enthusiasmus zu wählen

Es gibt einen Unterscheid dazwischen, Enthusiasmus zu haben und Enthusiasmus zu sein. Wenn du Enthusiasmus hast, lügst du. Wenn du Enthusiasmus bist, hast du keine Ansicht; du hast einfach eine Riesenmenge Spaß. Wenn du Enthusiasmus bist, machst du mit Sachen weiter, egal, was passiert. Du hältst dein Leben nicht an und du stoppst dich selbst nicht. Du schaust nach großartigeren Möglichkeiten. Was würde passieren, wenn du immer nach großartigeren Möglichkeiten schauen würdest?

Die Forderung ist, was dir erlaubt, Enthusiasmus zu wählen. Du musst von dir selbst fordern: „Ich werde ein großartigeres Leben kreieren, als sonst jemand bereit ist zu haben."

Ich bin bereit zu kreieren, was sonst niemand zu haben bereit ist, und es ist mir egal, was ich bekomme. Ich genieße einfach alles, was ich empfange. Ich bin enthusiastisch über die Tatsache, dass ich eine Fähigkeit habe, mehr wahrzunehmen, zu wissen, zu sein und empfangen als andere Menschen bereit sind, wahrzunehmen, zu wissen, zu sein und empfangen. Warum ist das wahr? Weil es das ist, was Möglichkeiten und Freude und alles andere kreiert.

Du bist dankbar für das, was du hast und du bist dankbar für das, was geschieht. Dankbarkeit und Enthusiasmus gehen Hand in Hand. Sie sind wie das Yin und Yang der Möglichkeiten. Du musst eine Forderung kreieren. Du musst fragen: „Was möchte ich wirklich kreieren und wie mache ich das?"

Wähle einfach

Eine Kursteilnehmerin sagte: „Manchmal frage ich: ‚Was würde ich gerne kreieren?', und ich weiß nicht unbedingt, wie ich es kreieren kann ..."

Ich erwiderte: „‚Wie kreiere ich das?' ist keine Frage, die die Tür zu Möglichkeiten eröffnet. Frage: ‚Was würde ich hier wählen müssen, das dies kreieren würde?'"

Sie meinte: „Ich frage das, und dann habe ich keine Antwort."

Ich sagte: „Das liegt daran, dass es keine Antwort darauf gibt, was du wählen musst. Es gibt nur die Möglichkeiten davon, was du wählen kannst. Also wähle einfach."

Sie sagte: „Oh! Das ist, was du vor Kurzem sagtest: ‚Wähle einfach.' Jetzt verstehe ich es!"

Wenn ich keine Freude daran habe, warum zum Teufel bin ich hier?

Eine andere Kursteilnehmerin fragte: „Gary, bist du schon immer dieser Enthusiasmus gewesen?"

Ich sagte: „Ja, ich habe schon immer einen Enthusiasmus für das Leben gehabt, weil ich dachte: ‚Wenn ich keine Freude hieran habe oder nicht enthusiastisch bin, warum zum Teufel bin ich hier?'"

Sie meinte: „Als ich vom 7-Tageskurs in Südafrika zurückkam, hatte ich diese Art von Enthusiasmus. Jetzt ist er wieder da, aber eine Weile war er verschwunden. Was ist das?"

Ich erwiderte: „Er war nicht weg. Es gab nur niemanden, der ihn empfangen konnte. Ihr habt die Vorstellung, dass ihr mit etwas aufhören müsst, wenn es jemand anders nicht empfangen kann. Ich habe diese Ansicht nicht. Ich bin enthusiastisch, ob es jemand anderem gefällt oder nicht."

Sie sagte: „Ja! Ich habe mich in diese Realität eingekauft. Es ist, als gebe es keine Freude. Die meisten Menschen haben keine Freude."

Die meisten Menschen sind nicht bereit, den Enthusiasmus und die Kreativität zu haben, die ihr Leben ermöglichen würden, weil sie über alle hinausgehen würden, die sie kennen.

FRAGE VIER: *Über wen oder was bin ich nicht bereit hinauszugehen, dass, wenn ich über sie hinausginge, eine vollkommen andere finanzielle Realität für mich kreieren würde?*

____

____

____

____

____

Gib deine Realität nicht auf

Einmal, als ich jünger war, kam mich meine Mutter in Santa Barbara besuchen. Sie sagte: „Ich lade dich zum Abendessen ein, mein Liebling. Wo möchtest du hingehen?"

Ich sagte: „Wie wäre es mit dem Ranch House in Ojai?" Sie meinte: „Das klingt gut."

Wir gingen dorthin und das Essen für uns drei kostete 120 Dollar. Sie zahlte und fragte dann: „Warum um alles in der Welt sollte man in diesem Restaurant essen?" Das Ranch House hatte einige der besten Gerichte, die man je in seinem Leben essen kann, aber dass drei Leute ein Abendessen genossen, das 120 Dollar kostet, war für sie entsetzlich. Ich schaute mir das an und dachte: „Okay, meine Mutter und ich haben nicht dieselbe Realität. Ich dachte nicht: „Sie liegt falsch." Ich dachte nicht „Ich liege falsch." Es war einfach: „Wir haben nicht dieselbe Realität."

Mir wurde klar: „Ich kann ihr das nicht noch einmal antun." und habe es nie wieder getan. Später, als ich Geld hatte und meine Mutter und mein Stiefvater zu Besuch kamen, führte ich sie in ein wirklich schönes Restaurant und bezahlte. Diesmal war mein Stiefvater derjenige, der entsetzt war — weil es ein Gourmetrestaurant war und er einen Hamburger wollte. Die Angestellten mussten zusätzliche Mühen aufbringen, um dem Mann einen Hamburger zu organisieren. Sein Ansicht war: „Warum sollte man so viel Geld ausgeben, um so einen schlechten Hamburger zu bekommen?" Damals begriff ich, dass meine Realität und ihre Realität sich nie treffen würden.

Mein Stiefvater wollte auf die andere Straßenseite gehen, wo er ein „All you can eat"-Essen für 7,99 Dollar bekommen konnte. Das ist nicht meine Realität. Ich war nicht bereit, meine Realität aufzugeben, aber ich nahm ihn gerne in das Restaurant für 7,99 Dollar mit und trank etwas, während er aß.

Habe ich je meine Realität für jemand anders aufgegeben? Ja, mit meinen Ehefrauen. Ich verbrachte meine gesamte Ehe damit zu versuchen, meine Realität aufzugeben, um sie glücklich zu machen. Aber kann man wirklich jemand anders glücklich machen? Nein.

FRAGE FÜNF: *Wie viel meiner Realität habe ich aufgegeben, um andere Menschen glücklich zu machen, was nie geglückt ist?*

Du eliminierst deine Wahlen, wenn du deine eigene Realität aufgibst. Jemand im Kurs sagte: „Ich hätte gerne unbegrenzte Wahl."

Ich sagte: „Die kannst du nicht haben. Ich lasse es nicht zu."

Sie lachte und sagte: „Erzähl mir das weiter." Sie wusste, dass, wenn ich sagte, sie könne keine unbegrenzte Wahl haben, das genau das war, was es brauchte, um sie dazu zu bringen, die Forderung zu stellen, es zu haben.

Ich sagte: „Merkst du, wie du, als ich sagte: ‚Du kannst das nicht haben', in deinem Kopf gesagt hast: ‚Niemand wird mich je wieder unten halten!' Das ist eine Entscheidung, die du treffen musst."

FRAGE SECHS: *Welche Entscheidung müsste ich heute treffen, die meine finanzielle Realität sofort kreieren würde?*

Welche Entscheidung müsstest du treffen, ausgehend davon, dass du dazu tendierst, Entscheidungen zu treffen, die dich stoppen, anstatt dich dazu zu bewegen zu kreieren? Die Frage überlistet dich im Grunde dazu, über die lächerlichen Entscheidungen hinauszugehen, die du getroffen hast. Du würdest eher eine Entscheidung treffen, die dich zu einem

Haufen Scheiße macht, als eine, die dich zu einem unendlichen Wesen mit unbegrenzten Möglichkeiten macht.

Eine Dame, die Künstlerin ist, sagte: „Wenn ich ein Bild oder ein Gemälde kreiere, bin ich im Moment, aber wenn ich mein Leben kreiere, treffe ich alle möglichen Entscheidungen und Schlussfolgerungen."

Ich erwiderte: „Wenn du ein Bild kreierst, musst du im Moment bleiben oder es verwirklicht sich nicht als etwas, das es wert ist zu haben, oder? Dasselbe gilt für dein Leben.

Geld ist überall

Im ersten *Wie man Geld wird—Arbeitsbuch* wird die Frage gestellt: „Wenn du Geld auf dich zukommen siehst, aus welcher Richtung siehst du es kommen?" Manche Leute sehen Geld von hinten auf sich zukommen, andere von links oder rechts oder von oben. Du musst die Ansicht haben, dass Geld überall ist und dass es alles ist. Du fragst: „Wie wird Geld für mich arbeiten?"

Du schaust immer, wie du Geld kreieren kannst. Du schaust nicht, was Geld für dich kreieren wird. Wenn Geld für dich arbeiten würde, wie würde das aussehen? Wie würde es aussehen, wenn jeder Dollar, den du ausgibst, zehnfach zu dir zurückkäme? Wie wäre es, wenn jedes Mal, wenn du Geld ausgibst, etwas Großartiges bei dir eintreten würde?

FRAGE SIEBEN: *Wie wird Geld für mich arbeiten?*

Ich habe eine Freundin, die eine Menge Geld ausgab, um ihr Land von Unkraut und Müll zu befreien. Sie sagte: „Die Energie des Landes ist wunderbar."

Ich fragte sie: „Wenn du ein wirklich schönes Kleid kaufst, fühlst du dich besser, wenn du es trägst?" Sie meinte: „Absolut."

Ich sagte: „Also, wenn du kurz davor bist, Geld auszugeben, frage: ‚Wie fühlt sich das für mich an? Erweitert es mein Leben oder zieht es mein Leben zusammen?'"

Wie kreierst du mit Geld? Wie wird Geld für dich arbeiten? Du musst das Geld für dich arbeiten lassen. Du bist der Meinung, dass du immer arbeiten musst, um dein Geld zu bekommen. Zu viele Menschen sind im Musical-Arbeitsmodus: „I owe, I owe, so off to work I go. (Ich schulde, ich schulde, also geh ich los zur Arbeit.)"

Ich spreche nicht von Investitionen und dem, was du aus den Investitionen zurückgewinnst. Investieren ist die Ansicht, dass du nur einen bestimmten Betrag hast und wenn du den investierst, muss er einen Ertrag bringen, der die Investition lohnend macht. All das ist Bewertung! Geld dazu zu bringen, für dich zu arbeiten, ist komplett anders.

Die Frage lautet: „Wie wird dieses Geld für mich arbeiten?" Das ist die Frage! „Wie wird es für mich arbeiten?"

Geld ist leicht

Du möchtest nicht wissen, dass Geld so leicht ist, denn wenn Geld so leicht wäre, was zum Teufel würdest du tun? Du müsstest dein hartes Leben aufgeben. Ich möchte, dass du in der Lage bist zu fordern, was du dir im Leben wünschst und bereit bist, es zu haben. Zeigt sich das, was du dir wünschst, immer sofort? Nein. Aber es wird sich zeigen. Wie wird das aussehen? Das weiß ich nicht. Wann wird es sich zeigen? Ich weiß es nicht. Du musst einfach bereit sein, dir das aus einer anderen Perspektive anzusehen.

Eine Freundin ging vor Kurzem zu ihrer ersten Auktion. Sie sagte, sie empfand eine prickelnde Freude einfach nur, weil sie da war. Als sie sich all die schönen Dinge ansah, die verkauft wurden, merkte sie, dass sie noch nicht einmal annähernd Möbel oder andere Gegenstände für sich wählte, die sie dazu brachten, sich leicht und ausgedehnt zu fühlen.

Sie sagte: „Ich sah einen Spiegel und mein gesamter Körper machte: ‚Ahhhh'. Er wurde für 5.000 Dollar verkauft. Weil ich dir zugehört habe, wenn du über Antiquitäten sprichst, habe ich ein wenig recherchiert. Ich fand heraus, dass dies ein sogenannter „Pier 1760"-Spiegel war. Einer von ihnen wurde bei Christie's für 55.000 Dollar versteigert."

Ich fragte: „Du meinst, du wusstest etwas, als du den Spiegel ansahst?"

Sie sagte: „Ja, was ist das, wenn man sein Wissen sofort leugnet?"

Ich erwiderte: „Nun, es tut mir leid. Wenn du immer weißt, was du weißt — und so einfach Geld machen könntest — würde das dein Leben zu einfach machen, und du kannst kein einfaches Leben haben."

Sie sagte: „Nun, damit ist jetzt Schluss! Ich habe bemerkt, dass da immer, wenn ich ein wenig Freizeit habe, anstatt die Zeit und die Schönheit der Kreation und die Freude zu empfangen, ein Autoresponder ist, in die Scheiße rund um Geld zu gehen, anstatt einfach zu sein und das Leben zu empfangen."

Ich erwiderte: „Nun, das ist so, weil du Geld wichtiger machst als empfangen. Das ist keine gute Idee, oder?"

Bilde dich weiter in dem, was du liebst

Bilde dich in dem weiter, was dir Geld machen wird. Wofür interessierst du dich? Was bringt dein Herz zum Singen? Ich liebe Antiquitäten. Ich schaue mir überall, wo ich hingehe, Antiquitäten an. Wenn ich etwas besonders Schönes sehe, frage ich: „Wie viel kostet das?" Wenn ich es mir nicht leisten kann, kann ich es mir nicht leisten. Wenn ich das nächste Mal etwas sehe, das ähnlich schön ist in einer Preisspanne, dich ich mir leisten kann, kaufe ich es.

Ich schaue mir auch an, was andere Leute nicht sehen können. Geld kommt zu jenen, die sehen, was andere nicht sehen können, oder was sie nicht sehen wollen, oder worüber sie Ansichten haben. Ich ging einmal zu einem Garagenflohmarkt, den eine ältere Dame veranstaltete. Ich sah ein vierkarätiges Goldarmband, das mit 1.500 Dollar ausgezeichnet war. Ich dachte: „Ich frage mich, wie viel das wirklich wert ist. Möchte sie 150 Dollar oder 1.500 Dollar?" Zwei Antiquitätenhändler hatten den Flohmarkt vor mir verlassen, ohne irgendein Interesse daran zu bekunden.

Ich fragte die Dame: „Wie viel kostet das?"

Sie sage: „Das kostet 15 Dollar und es ist vierzehnkarätiges Gold.", also kaufte ich es. An diesem Nachmittag ging ich zu einem Geschäft, das Gold- und Silberobjekte ankaufte und verkaufte es für 450 Dollar. Alle sagten: „Wie kannst du die kleine alte Dame übervorteilen?"

Ich sagte: „Es ist einfach. Ich habe ihr genau das bezahlt, was sie verlangte."

FRAGE ACHT: *Wenn ich absolut bereit wäre zu empfangen, wozu würde ich am Ende werden?*

Du bittest um mehr Geld und das Universum sagt: „Okay, hier ist mehr Geld.", und es zeigt dir etwas wie einen Spiegel für 5.000 Dollar oder ein Armband für 15 Dollar, und du sagst: „Nein." Warum sagst du Nein? Warum fragst du nicht: „Was wird es brauchen, damit ich das kreiere?" Du musst nicht alles kaufen, was dir über den Weg läuft. Stelle Recherchen zu der Sache an und finde heraus, was es wert ist. Beim nächsten Mal, wenn du etwas siehst, das viel Geld wert ist, wirst du sagen: „Alles in mir sagt mir, dass das eine Menge Geld wert ist. Wie kann ich es kaufen?", und dann kaufe es.

Es gibt eine Auktionswebseite hier in den USA, auf die ich manchmal gehe. Ich hatte das monatelang nicht getan, und aus irgendeinem Grund habe ich vor Kurzem da reingeschaut. Ich kaufte einen Haufen lose Steine, für die ich praktisch nichts bezahlte, die niemand zu haben wollen scheint. Macht mich das traurig? Nein. Ich bot den Betrag, den ich bieten wollte und sagte: „Wenn ich mit ihnen ‚verliere', macht es mir nichts aus, weil ich nicht denke, dass das ein Verlust ist. Ich glaube, es öffnet eine Tür zu einer anderen Möglichkeit. Was würde zur Verfügung stehen, wenn ich keine feste Ansicht hätte?" Das ist die nächste Frage:

FRAGE NEUN: *Was würde zur Verfügung stehen, wenn ich keine festen Ansichten hätte?*

Du könntest alles haben, wenn du deine Ansichten eliminieren würdest, aber du möchtest lieber deine Ansichten haben, weil das beweist, dass du du bist.

> Was hast du so lebensnotwendig, real und wertvoll an deinen Ansichten gemacht, das dich immer weiter unausweichlich gegen das wählen lässt, was Geld und Möglichkeiten in deinem Leben kreieren würde, als du? Alles,

was das ist, mal Gottzillionen, zerstörst und unkreierst du das alles? Right and Wrong, Good and Bad, POD and POC, All 9, Shorts, Boys, and Beyonds.

Was hast du so lebensnotwendig, wertvoll und real an der Unausweichlichkeit davon gemacht, ein armer Schlucker auf der Straße zu sein, was dich davon abhält, das zu kreieren, was dich zu einem Millionär auf dem Gipfel machen würde? Alles, was das ist, mal Gottzillionen, zerstörst und unkreierst du das alles? Right and Wrong, Good and Bad, POD and POC, All 9, Shorts, Boys, and Beyonds.

Bitte erinnere dich daran, dass Geld leicht kommt. Und bitte arbeite immer wieder mit diesen Fragen, damit du dir deiner Begrenzungen gewahr wirst und sie nicht länger als wahr abkaufen musst.

ARBEITSBUCH: FRAGEN
KAPITEL ACHT

FRAGE EINS: *Wenn ich alles hätte, was ich mir im Leben wünsche, was müsste ich sein?*

FRAGE ZWEI: *Wo und wann habe ich beschlossen, dass ich der Einzige bin, der klug genug ist, mich davon abzuhalten, alles zu bekommen, was ich mir wirklich wünsche?*

FRAGE DREI: *Welchen Enthusiasmus vermeide ich, um sicherzustellen, dass ich finanziell nicht erfolgreich bin?*

FRAGE VIER: *Über wen oder was bin ich nicht bereit hinauszugehen, dass, wenn ich über sie hinausginge, eine vollkommen andere finanzielle Realität für mich kreieren würde?*

FRAGE FÜNF: *Wie viel meiner Realität habe ich aufgegeben, um andere Menschen glücklich zu machen, was nie geglückt ist?*

FRAGE SECHS: *Welche Entscheidung müsste ich heute treffen, die meine finanzielle Realität sofort kreieren würde?*

FRAGE SIEBEN: *Wie wird Geld für mich arbeiten?*

FRAGE ACHT: *Wenn ich absolut bereit wäre zu empfangen, wozu würde ich am Ende werden?*

FRAGE NEUN: *Was würde zur Verfügung stehen, wenn ich keine feste Ansichten hätte?*

KAPITEL NEUN

EINE ZUKUNFT JENSEITS VON ALLEM, WAS DU JEMALS GESEHEN HAST

FRAGE EINS: *Was habe ich als meine letzte Rettung definiert, wenn ich mittellos bin?*

____

____

____

____

____

Vielleicht hast du beschlossen, dass deine letzte Rettung ist, obdachlos zu sein, oder deine letzte Rettung ist, bei deiner Mutter zu leben, oder deine letzte Rettung ist zu heiraten. Was auch immer es ist, das du als deine letzte Rettung definiert hast, wird zur Sache, die du anstrebst, wenn du keine Kreation anstrebst. Wenn du deine letzte Rettung kreierst, kreierst du dein Leben nicht.

> Was hast du geschlussfolgert, das deine letzte Rettung ist, wenn du mittellos bist, das dich für die letzte Rettung kreieren lässt? Alles, was das ist, mal Gottzillionen, zerstörst und unkreierst du das alles? Right and Wrong, Good and Bad, POD and POC, All 9, Shorts, Boys, and Beyonds.

Wir müssen immer die letzte Rettung anstreben, wenn wir nicht die Kreation anstreben.

> Alles, was du getan hast, um nicht die Kreation anzustreben, zerstörst und unkreierst du das alles? Right and Wrong, Good and Bad, POD and POC, All 9, Shorts, Boys, and Beyonds.

Was auch immer du dir als deine letzte Rettung ausdenkst, du musst fragen: „Ist dies wirklich meine letzte Rettung? Oder habe ich etwas zur Verfügung, das ich noch nie auch nur in Betracht gezogen habe?" Das ist die nächste Frage:

FRAGE ZWEI: *Wenn dies meine letzte Rettung ist, was habe ich dann nie in Betracht gezogen?*

Wenn du bereit bist, alles als möglich in Betracht zu ziehen, kannst du aus dem „Ich habe keine Wahl." herauskommen und übergehen zum „Welche Wahlen habe ich?" Du kannst auch fragen: „Wenn ich etwas anderes wähle, was müsste ich sein oder tun, um das zu kreieren?" Das ist Frage Nummer drei:

FRAGE DREI: *Wenn ich etwas anderes wähle, was müsste ich sein oder tun, um das zu kreieren?*

Es gibt immer eine andere Möglichkeit. Du hast immer eine Wahl. Und jede Wahl kreiert etwas. Sogar „keine Wahl" ist eine Wahl, die du triffst, und sie kreiert etwas.

> Wie viele Wahlen hast du in deinem Leben getroffen, die das Geld begrenzen, das du haben kannst? Alles, was das ist, mal Gottzillionen, zerstörst und unkreierst du das alles? Right and Wrong, Good and Bad, POD and POC, All 9, Shorts, Boys, and Beyonds.
>
> Was ist tatsächlich möglich, das du nicht in Betracht gezogen hast? Was wäre, wenn du etwas anderes wählen würdest? Was müsstest du sein oder tun, um das zu kreieren? Alles, was das nicht erlaubt, mal Gottzillionen,

zerstörst und unkreierst du das alles? Right and Wrong, Good and Bad, POD and POC, All 9, Shorts, Boys, and Beyonds.

Möglichkeiten zeigen sich sogar dann, wenn du keine Wahl wählst. Wenn du keine Wahl wählst, gehst du zur letzten Rettung. Du sagst: „Wenn alles andere nicht klappt, müsste ich ... wählen". Was?

Welche Wahl hast du getroffen, als du beschlossen hast, keine Wahl zu haben? Alles, was das ist, mal Gottzillionen, zerstörst und unkreierst du das alles? Right and Wrong, Good and Bad, POD and POC, All 9, Shorts, Boys, and Beyonds.

Wenn alles andere nicht klappt, was müsstest du wählen? Alles, was das ist, mal Gottzillionen, zerstörst und unkreierst du das alles? Right and Wrong, Good and Bad, POD and POC, All 9, Shorts, Boys, and Beyonds.

Eine Dame fragte mich zu jemandem, den sie facilitierte. Sie sagte: „Er hat einen anspruchsvollen Job, der eine Menge Geld kreiert. Er steht kurz davor, von einer Klippe herunterzuspringen und er weiß, dass seine Ansicht über Geld ihn festhängen lässt."

Lässt dich deine Ansicht über Geld feststecken? Du musst dir anschauen, was du machst, und fragen: „Was ist das? Was kann ich damit machen? Was möchte ich hier wählen? Was würde tatsächlich für mich funktionieren, wenn ich es wählen würde?" Wähle anzuerkennen, was ist und dann kannst du eine Frage stellen wie: „Was sind hier die möglichen Wahlen?"

Was hast du so wertvoll, lebensnotwendig, real und gültig an Geld gemacht, das die Unausweichlichkeit davon kreiert, niemals unbegrenzte Beträge zu haben? Alles, was das ist, mal Gottzillionen, zerstörst und unkreierst du das alles? Right and Wrong, Good and Bad, POD and POC, All 9, Shorts, Boys, and Beyonds.

Du musst deine Zukunft kreieren

Die Leute möchten oft mit mir über Dinge sprechen, die in der Vergangenheit passiert sind. Ich frage: „Warum machst du das real? Warum schaust du auf die Vergangenheit, anstatt deine Zukunft zu kreieren?" Das Problem liegt in dir – nicht in deiner Vergangenheit. Deine Vergangenheit hat nicht kreiert, was du heute tust; du warst es. Du benutzt deine Vergangenheit als eine Rechtfertigung, aber die Vergangenheit ist keine Realität. Es ist deine Wahl, die du triffst, die die Vergangenheit weiterhin relevanter sein lässt als deine Zukunft.

> Was müsstest du als deine Zukunft sein, tun, haben, kreieren und generieren, um alle Relevanz der Vergangenheit zu vernichten und auszulöschen, in alle Ewigkeit? Alles, was das ist, mal Gottzillionen, zerstörst und unkreierst du das alles? Right and Wrong, Good and Bad, POD and POC, All 9, Shorts, Boys, and Beyonds.

Du schaust immer noch auf die Vergangenheit, als sei sie das Geschenk. Die Vergangenheit ist nicht das Geschenk. Die Vergangenheit ist die Vergangenheit. Was möchtest du kreieren? Mehr von der Vergangenheit? Weniger von der Vergangenheit? Oder möchtest du eine Zukunft, die jenseits von allem ist, was du je gesehen hast?

Was müsstest du als deine Zukunft sein, tun, haben, kreieren und generieren, um alle Relevanz der Vergangenheit zu vernichten und auszulöschen, in alle Ewigkeit? Wenn du siehst, dass Wahl kreiert, warum zum Teufel kreierst du nicht? Welche Wahl müsstest du jetzt treffen, um eine andere finanzielle Realität zu kreieren?

Ich hatte eine Unterhaltung mit einer Freundin, die sagte: „Wir haben einen Haufen Steuern zu zahlen, die wir nicht eingeplant hatten. Wir spielen auch mit dem Gedanken, eine Immobilienanlage zu kaufen. Ein Teil von mir möchte sagen: ‚Lass uns alles zum Florieren bringen, lass uns die Steuern zahlen, lass uns all das erledigen und dann in die Immobilie investieren.' Ein anderer Teil möchte sagen: ‚Lass uns einfach kreieren und all das wählen.', aber ich möchte nicht in finanzielle Schwierigkeiten geraten. Ich bin mir nicht sicher, welche Wahlen ich treffen sollte."

Ich sagte: „Lass uns das aus einer etwas anderen Ansicht betrachten. Wie du weißt, habe ich die Möglichkeit erwogen, eine Ranch zu kaufen, damit ich meine Pferde nach Texas bringen kann, weil sie in Kalifornien so viel kosten. Ich kann die Ausgaben wahrscheinlich erheblich senken, wenn ich hier eine Ranch kaufe."

Meine Freundin sagte: „Diese Wahl ist ja ganz einfach. Ich würde das wählen. Wenn du die Ranch kaufst, kreierst du eine Zukunft, die in fünf, zehn, fünfzehn oder zwanzig Jahren größer sein wird, und ich weiß, dass du mehr kreieren kannst."

Ich sagte: „Genau. Vor Jahren hat der Staat Kalifornien all mein Bargeld für Steuern konfisziert, ich ging zu Bonhams und gab 31.000 Dollar für Schmuck für die Antiquitätengilde aus. Du und alle, die dabei waren, meinten: ‚Wie kannst du das tun, wenn du so viele Steuern schuldest?'"

Ich sagte: „Hey, ich schulde nur Steuern. Ich bin nicht tot. Ich werde meine Zukunft kreieren. Du musst deine Zukunft kreieren. Du kannst deinen Steuerbescheid anschauen und sagen: ‚Okay, ich schulde alle diese Steuergelder. Was nun? Ich kann es folgendermaßen abzahlen: Ich kann alles verkaufen, was ich besitze, und die Steuern abzahlen. Wird das mein Leben kreieren oder zerstören? Zerstören.' Oder du kannst fragen: ‚Wenn ich mein Leben kreieren werde, wie wird das aussehen? Wie wird es aussehen, wenn ich das tue?'"

Meine Freundin sagte: „Die Immobilie, die wir gerne kaufen würden, wird nächsten Monat versteigert. Wahrscheinlich wird sie 500.000 Dollar kosten. Wir überlegen, das Haus abzureißen, das dort steht, und drei Reihenhäuser zu bauen. Das wird wahrscheinlich etwa 1,1 Million kosten. Wir lachen immer darüber, dass wir nicht gerade kleckern bei unserer Investition. Wir klotzen richtig. Warum sollten wir kleine Brötchen backen?"

Ich sagte: „Leider macht ihr schon zu lange Access."

Sie lachte und sagte: „Manchmal fängt diese Realität an, dich zurückzuziehen und sagt: ‚Hey, du hast über 100.000 Dollar Steuern zu zahlen. Du musst sparen.' Das ist nicht meine Welt; das ist nicht meine Realität. Ich werde nie sparen. Ich kreiere mehr."

Ich sagte: „Du musst schauen, was den Enthusiasmus in deinem Leben kreiert. Der Regierung zu zahlen? Oder etwas für dich zu kreieren? Wenn du etwas machst, was ein wenig über deinem Komfortlevel liegt, und fragst: ‚Wie wird das funktionieren?', schau dir an, was das schlimmste anzunehmende Szenario ist. Könntest du dein Haus für mehr vermieten, als du dafür zahlst und ein anderes Haus für weniger mieten, als du derzeit zahlst? Dieses Geld könntest du verwenden, um deine Steuern abzuzahlen. Du hast Wahlen. Wir tendieren dazu, die Vorstellung abzukaufen, dass wir keine Wahlen haben, anstatt zu schauen, was wirklich möglich ist. Du hast verschiedene Geldquellen."

„Kreiere Wahlen im Leben und das wird mehr kreieren. Ich möchte immer aus dem funktionieren, was mehr in meinem Leben kreieren wird. Funktioniere nicht aus dem schlimmsten Notfall: ‚Ich muss all meine Steuern zahlen und sterben.' Schau, was den Enthusiasmus in deinem Leben kreiert. Die Regierung zu zahlen? Oder etwas für dich zu kreieren? Was möchtest du in deinem Leben kreieren? Was ist dir wirklich wichtig?"

Die Ansicht, die man einnimmt, bestimmt die Kreation, die man hat und bekommt

Es gab einen Zeitpunkt, als ich überlegte, all meine Pferde wegzugeben, weil das meine monatlichen Ausgaben um über 20.000 Dollar verringern würde. Hätte ich sie wirklich einfach weggeben sollen? Nein. Ich brachte diese Rasse aufgrund einer langfristigen Realität in die USA, nämlich für unser Zentrum in Costa Rica, das innerhalb von zwei Jahren fertig sein und anlaufen sollte. Es werden Leute aus Costa Rica, den Vereinigten Staaten, Europa und der ganzen Welt sein, die diese Pferde reiten. Sie werden ein Pferd wollen. Warum? Weil es wunderbare Pferde sind. Es sind herrliche Pferde. Sobald man eines davon reitet, fragt man: „Wo kann ich so ein Pferd finden?" Nun, und ich habe zufällig einen Ort, an dem wir sie züchten. Also plane ich auf lange und nicht auf kurze Sicht.

Die meisten Businesse scheitern in den ersten beiden Jahren, und der Grund für das Scheitern liegt vor allem an einem Mangel an genug Geld, um sie zu betreiben. Du musst die Ressourcen haben, um in der Lage zu sein, ein Business zu starten. Ist das immer nötig? Nein, aber du kannst in den ersten ein bis zwei Jahren nicht erwarten, große Mengen an Geld zu verdienen. Ab dem dritten Jahr kannst du beginnen, Geld zu machen und ab dem vierten Jahr kannst du richtig gutes Geld machen.

Jemand sagte: „Ich würde schließen, wenn ich eine große Steuerzahlung leisten müsste. Wie kannst du so funktionieren?"

Ich sagte: „Es ist nur eine Steuerzahlung. Es ist nicht das Ende der Welt. Werde ich sterben? Nein. Werden sie mich ins Schuldnergefängnis stecken? Nein. Sie können mich noch nicht mal mehr nach Australien schicken." Die Ansicht, die man einnimmt, bestimmt die Kreation, die man hat und bekommt. Sage ich: „Oh, mein Gott! Das ist schrecklich! Steuern!" Nein! Was würde ich mit dieser Ansicht kreieren? Möglichkeiten? Oder Angst? Was davon kreiert die Zukunft?

FRAGE VIER: *Wenn ich meine Zukunft kreieren würde, was würde ich wählen und wie würde ich wissen, was zu wählen ist?*

____

____

____

____

____

FRAGE FÜNF: *Wie kann ich mehr kreieren, als ich je zuvor gehabt habe?*

Bewertung vs. interessante Ansicht

Wann immer du irgendeine Art von Bewertung vornimmst, auch von dir, eliminierst du Bewusstsein als eine Realität. Wenn du dir wirklich Bewusstsein wünschst, musst du alle Bewertung loswerden. Bewusstsein umfasst alles und bewertet nichts. Du musst bereit sein, alles ohne eine Ansicht zu empfangen. Du musst es als eine Möglichkeit sehen und was es kreieren wird durch das, was du wählst.

Manchmal kommen Leute zu mir und sagen: „Ich muss mit dir sprechen. Weißt du, was ich mache, um Geld zu verdienen? Ich baue Hasch an."

Ich sage: „Okay, gut. Es gibt einen Markt für alles auf der Welt." Derjenige möchte meine Bewertung. Es geht darum, wen er ablehnen kann und wen er nicht empfangen muss. Wenn ich sage: „Es ist schrecklich, dass du das tust.", kann derjenige mich und alles ablehnen, was ich ihm gesagt habe, das mehr für ihn kreieren könnte. Aber ich bin daran interessiert, mehr für denjenigen zu kreieren und nicht weniger.

Du musst aus der interessanten Ansicht heraus funktionieren. Alles ist nur eine interessante Ansicht. Die interessante Ansicht ist eine Wahl, die du hast. Deine Ansicht kreiert einfach Möglichkeiten. Benutzt du sie? Oder vermeidest du sie?

Es gibt Möglichkeiten, überall auf der Welt Geld zu machen. Du musst nur finden, was dich interessiert, was dir Spaß macht und was dir Geld machen kann. Tust du das? Oder versuchst du, an der richtigen Sache zu arbeiten, um sicherzustellen, dass du das richtige Geld bekommst? Hier ist die nächste Aufgabe für dich:

FRAGE SECHS: *Von welchen zehn Dingen habe ich beschlossen, sie seien „falsches Geld"?*

FRAGE SIEBEN: *Von welchen zehn Dingen habe ich beschlossen, sie seien „richtiges Geld"?*

Nun schaue dir jeden einzelnen Punkt an, den du aufgeschrieben hast, und frage: „Ist das eine Bewertung darüber, was richtiges und was falsches Geld ist?"

> Was hast du als richtiges Geld definiert, das dich davon abhält, Geld zu haben? Alles, was das ist, mal Gottzillionen, zerstörst und unkreierst du das alles? Right and Wrong, Good and Bad, POD and POC, All 9, Shorts, Boys, and Beyonds.
>
> Was hast du als falsches Geld beschlossen und festgelegt, das dich davon abhält, Geld zu haben? Alles, was das ist, mal Gottzillionen, zerstörst und unkreierst du das alles? Right and Wrong, Good and Bad, POD and POC, All 9, Shorts, Boys, and Beyonds.

Wenn du beschließt, etwas muss sein oder kann nicht sein, bist du dann wirklich in der Wahl?

Wenn du nicht bereit bist, etwas zu sein, kannst du nichts empfangen

Manchmal sagen mir Leute, die Access-Facilitatoren werden: „Ich mache kein Geld." Was ist das für eine Frage? Sie fragen nie: „Warum mache ich nicht genug Geld?", weil die Antwort darauf ist: „Du machst nicht genug Geld, weil es etwas gibt, das du nicht bereit bist zu sein." Wenn du nicht bereit bist, etwas zu sein, kannst du nichts empfangen. Du musst bereit sein, alles zu sein, um alles zu empfangen. Deswegen habe ich dieses Arbeitsbuch geschrieben: Wenn du Geld werden kannst, kannst du Geld empfangen und Geld haben. Aber du musst bereit sein, alles zu sein, was es braucht, um das Geld zu kreieren, das du dir wünschst.

FRAGE ACHT: *Was müsste ich sein, um das Geld zu kreieren, das ich gerne empfangen möchte?*

Was immer du beschließt, nicht sein zu können, hält dich davon ab, das Geld zu haben, das du dir wünschst. Du musst bereit sein, es zu sein, um es zu haben.

„Wie kann ich Geld benutzen, um Geld zu kreieren?"

Verstehst du das? Vielleicht musst du dieses Buch häufiger als ein oder zwei Mal lesen. Dies ist das Fortgeschrittenenbuch. Die meisten Leute können nicht einmal grundsätzlich Geld haben und machen. Warum können sie das nicht? Weil sie mehr daran interessiert sind, wie sie ihr Geld ausgeben können anstatt es einzusetzen, um eine großartigere Möglichkeit zu kreieren. Du musst fragen: „Wie kann ich mein Geld benutzen?"

Ich bin zu Tauschbörsen gegangen, wenn ich nur 10 Dollar hatte — und kaufte Sachen, die 20 oder 50 Dollar wert waren. Wenn du nur 10 Dollar hast und sie ausgibst, kauf dir nicht einen Kaffee. Kaufe etwas, das mehr wert ist, als du bezahlst. Frage. „Wie kann ich mein Geld nutzen, um Geld zu kreieren?"

Höre nicht auf Leute, die sagen: „Du musst das Geld anderer Leute benutzen, um Geld zu machen.", oder: „Du musst andere übervorteilen, um das Geld zu bekommen, das du möchtest.", oder: „Geld ist schlecht." Geld an sich ist weder gut noch schlecht. Es ist einfach. Was ist es? Es ist, was es ist! Es bedeutet nichts, solange du es nicht bedeutsam machst.

Ich fing an, meine Kinder zu Garagenflohmärkten mitzunehmen, als sie noch ganz klein waren. Ich ließ sie Sachen kaufen und verkaufte sie dann wieder, damit sie lernten, dass es immer einen Ort gibt, wo sie Geld bekommen können. Die meisten von ihnen haben nun die Ansicht: „Okay, was kann ich tun, das mir das meisten Geld bringen wird?", weil ich ihnen die Fertigkeiten vermittelt habe, die ihnen erlauben, ein vernünftiges Einkommen mit keinem bis geringem Startkapital zu machen.

Jemand sagte mir: „Die Ansicht meines Sohnes ist: ‚Natürlich habe ich Geld. Natürlich gibt es Geld.'"

Ich sagte: „Das ist gut. Das gibt ihm die Ansicht, dass es nicht schwierig ist, zu Geld zu kommen. Wenn seine Ansicht ist: ‚Natürlich gibt es Geld.', kann er fragen: ‚Was muss ich tun, um es zu bekommen?'"

Ich hatte Freunde, die mit Geld aufgewachsen waren und mir fiel etwas an ihnen auf. Sie benutzten nie die Wörter warum, versuchen, wollen und brauchen. Diese Worte existierten nicht in ihrem Wortschatz. Sie hatten die Ansicht: „Natürlich werde ich Geld haben". Als sie heirateten, heirateten sie jemanden mit Geld. Sie heirateten nicht jemand Armes, der am Kämpfen war.

Sie hatten Eltern, die Immobilien in Newport Beach gekauft hatten, als sie billig waren, also hatten sie Geld und würden immer Geld haben. Allein schon durch ihr Erbe würden sie Millionäre werden. Sie erwarteten, dass Geld Teil ihres Lebens sein würde. Sie hatten keine Erwartung, es nicht haben zu können. Ich brachte meinen Kindern bei, dass sie auch Geld haben könnten, und dass es immer einen Weg gab, es zu bekommen, wenn sie bereit waren, das zu tun.

Meine Eltern hatten die Ansicht, dass man hart arbeiten und sein Geld sparen muss. Also arbeiteten sie hart, sparten ihr Geld und hatten nichts. Sie verschenkten jede Möglichkeit, die sie hatten, um Geld zu machen. 1942 hatten sie die Gelegenheit, ein Grundstück für 600 Dollar in einer kleinen kalifornischen Stadt am Strand mit dem Namen La Jolla zu kaufen. Sie kauften es nicht, weil meine Mutter die Ansicht hatte, man solle sein Geld sparen und es nicht investieren. La Jolla ist jetzt heißbegehrt.

Als ich vierzehn war, hatten meine Eltern die Gelegenheit, eine 100 Morgen große Farm in El Cajon für denselben Preis wie ein Siedlungshaus von 1.400 Quadratfuß zu kaufen. Sie entschieden sich für das Haus in der Siedlung. Es war brandneu und sie fanden es richtig toll. Zwei Jahre später führte die Autobahn durch das Farmland und der Farmer, der es besaß, bekam eine Million Dollar. Die Welt wird dir Möglichkeiten geben, um Geld zu kreieren, wenn du bereit bist, nach den Möglichkeiten von dem zu suchen, was Geld kreiert.

Ich hatte am Anfang nichts, weil das die Ansicht meiner Familie war. Ich kreierte Geld aus nichts. Die Leute sagen: „Du hast nichts, wenn du auf die Welt kommst, und du hast nichts, wenn du die Welt verlässt." Ich sage: „Bullshit! Das ist nicht meine Realität."

Du kannst etwas aus nichts kreieren, weil du das etwas bist, das niemals nichts haben wird. Wenn deine Familie die Quelle vergiftet hinsichtlich dessen, was du in der Lage bist zu kreieren, trinke nicht. Wenn sie den Kuchen vergiften, iss ihn nicht. Was versuchst du, von der Realität deiner Familie abzukaufen, das nicht deines ist? Du musst fragen: „Was ist meine Realität?" Ist die Realität deiner Familie, dass sie viel Geld kreiert? Nein? Warum? Weil für sie Mangel real ist. Aber ist Mangel real in deiner Realität?

Als ich kein Geld hatte, wollte ich ein Haus kaufen und fand eine Möglichkeit, es ohne eine Anzahlung zu kaufen. Als ich nach einem Haus suchte, das ich kaufen wollte, sagte ich: „Universum, zeig mir, wo ich ein Haus kaufen kann, das viel mehr wert sein wird?"

Es stellte sich heraus, dass das Haus in einer „schlechten Gegend" lag, aber es war ein Geschäft ohne Anzahlung. Die Leute wollten es unbedingt loswerden und waren bereit, alles zu tun, um es zu verkaufen. Du musst bereit sein, dir anzusehen, was kreiert werden kann und nicht davon ausgehen, dass etwas nicht kreiert werden kann.

FRAGE NEUN: *Welche Möglichkeiten, Geld zu haben, wähle ich nicht?*

____

____

____

____

____

Fragen kreieren

Vor vielen Jahren war eine Dame hinter mir her. Sie wollte, dass ich sie heirate. Sie war verheiratet, als ich sie kennenlernte, und ich wollte nichts mit ihr zu tun haben, weil ich nicht mit verheirateten Frauen ausging. Ich ging für sechs Monate nach Europa. Als ich zurückkam, verfolgte sie mich wieder, aber ich wimmelte sie einfach ab und fragte niemanden, ob sie immer noch verheiratet wäre. Ups. Fragen kreieren. Es stellte sich heraus, dass sie sich hatte scheiden lassen. Sechs Monate später heiratete sie einen Mann, der mir so ähnlich sah, dass er mein Bruder hätte sein können. Nach weiteren sechs Monaten starb sie an einer Hirnblutung aufgrund der Pille und hinterließ ihm 67 Millionen. Es zeigen sich Möglichkeiten in unserem Leben, aber wir ergreifen sie nicht immer. Leider können wir nicht empfangen, wenn wir keine Frage stellen.

„Was ist meine Realität?"

Ich sprach mit meiner Freundin, die ein Grundstück kaufen und Reihenhäuser darauf errichten wollte. Sie meinte: „Dieses Grundstück zu kaufen, fühlt sich nach Spaß für mich an. Ich habe immer wieder gefragt: ‚Wird mich dies glücklich machen? Werde ich etwas lernen? Wird es mir Spaß machen?' Dann merkte ich, dass dies dieselben Fragen sind, die wir stellen, wenn wir Sex mit jemandem haben möchten!"

Ich sagte: „Ja, weil Sex und Geld Hand in Hand gehen." Es geht bei beiden ums Empfangen. Ich habe mein ganzes Leben versucht, diese Information weiterzugeben.

Die Tatsache, dass du bereit bist zu hören, was ich zu sagen habe, ist ein Anzeichen dafür, dass du ein Humanoid bist. Deine Realität ist nicht wie die anderer Menschen und du wirst nicht die Realität einer Katastrophenzone wählen. Das ist nicht deine Realität. Es ist nie deine Realität gewesen. Bei deiner Realität ging es immer darum, mehr im Leben zu haben. Bitte erkenne das. Du bist nicht bereit, dein Leben mit weniger zu leben. Du bist bereit, dein Leben für mehr zu leben.

Das ist etwas, was ich über jeden weiß, der zu Access kommt. Sie suchen nach dem Mehr, von dem sie immer wussten, dass es ihre Realität ist. Du kannst nicht scheitern, wenn du bereit bist, das Mehr zu kreieren, das du bist.

Ich werde dir dankbar sein, wenn du einen Haufen Geld machst. Du möchtest dich bei mir „revanchieren"? Mach einen Haufen Geld! Und bitte beantworte die folgenden Fragen wieder – und dann noch einmal.

ARBEITSBUCH: FRAGEN
KAPITEL NEUN

FRAGE EINS: *Was habe ich als meine letzte Rettung definiert, wenn ich mittellos bin?*

FRAGE ZWEI: *Wenn dies meine letzte Rettung ist, was habe ich dann nie in Betracht gezogen?*

FRAGE DREI: *Wenn ich etwas anderes wählen würde, was müsste ich sein oder tun, um das zu kreieren?*

FRAGE VIER: *Wenn ich meine Zukunft kreieren würde, was würde ich wählen und wie würde ich wissen, was zu wählen ist?*

FRAGE FÜNF: *Wie kann ich mehr kreieren, als ich je zuvor gehabt habe?*

FRAGE SECHS: *Von welchen zehn Dingen habe ich beschlossen, sie seien „falsches Geld"?*

Schau dir jeden einzelnen Punkt von dem an, was du aufgeschrieben hast und frage: „Ist das eine Bewertung darüber, was falsches Geld ist?"

FRAGE SIEBEN: *Von welchen zehn Dingen habe ich beschlossen, sie seien „richtiges Geld"?*

Schau dir jeden einzelnen Punkt von dem an, was du aufgeschrieben hast und frage: „Ist das eine Bewertung darüber, was richtiges Geld ist?“

FRAGE ACHT: *Was müsste ich sein, um das Geld zu kreieren, das ich gerne empfangen möchte?*

FRAGE NEUN: *Welche Möglichkeiten, Geld zu haben, wähle ich nicht?*

DAS ACCESSCONSCIOUSNESS CLEARING-STATEMENT®

> Du bist der Einzige, der die Ansichten aufschließen kann, die dich gefangen halten.
>
> Was ich hier mit dem Klärungssatz anbiete, ist ein Werkzeug, das du verwenden kannst, um die Energie der Ansichten zu ändern, die du zu Situationen eingeschlossen hast, die sich nicht verändern.

In diesem Buch stelle ich viele Fragen und einige davon können deinen Kopf vielleicht ein wenig durcheinanderbringen. Das ist meine Absicht. Die Fragen, die ich stelle, sind darauf ausgelegt, deinen Verstand von der Bildfläche verschwinden zu lassen, damit du zur Energie jeder Situation vordringen kannst.

Sobald eine Frage deinen Kopf verwirrt und die Energie einer Situation hochgebracht hat, frage ich dich, ob du bereit bist, diese Energie zu zerstören und unzukreieren – denn festhängende Energie ist die Quelle von Barrieren und Begrenzungen. Wenn du diese Energie zerstörst und unkreierst, öffnet dies die Tür zu neuen Möglichkeiten für dich.

Dies ist deine Gelegenheit zu sagen: „Ja, ich bin bereit, loszulassen, was auch immer diese Begrenzung an Ort und Stelle hält."

Danach folgt ein seltsamer Satz, den wir als Clearing Statement oder auch Löschungssatz bezeichnen:

> Right and Wrong, Good and Bad, POD and POC, All 9, Shorts, Boys, and Beyonds.

Mit dem Clearing Statement gehen wir zurück zur Energie der Begrenzungen und Barrieren, die kreiert wurden. Wir schauen uns die Energien an, die uns davon abhalten, vorwärts zu gehen und uns in alle Räume auszudehnen, in die wir gerne gehen möchten. Das Clearing Statement ist einfach eine Kurzformel, die die Energien anspricht, die die Begrenzungen und Zusammengezogenheiten in unserem Leben kreieren.

Je mehr du das Clearing Statement laufen lässt, umso tiefer geht es und umso mehr Schichten und Ebenen kann es für dich aufschließen. Wenn bei einer Frage viel Energie bei dir hochkommt, solltest du den Prozess vielleicht mehrfach wiederholen, bis das angesprochene Thema kein „Thema“ mehr für dich ist.

Du musst die Wörter des Clearing Statements nicht verstehen, damit es funktioniert, weil es um die Energie geht. Wenn du aber wissen möchtest, was die Wörter bedeuten, folgen jetzt einige kurze Definitionen.

Right and Wrong, Good and Bad (Richtig & Falsch, Gut & Schlecht) steht kurz für: Was ist richtig, perfekt und korrekt hieran? Was ist falsch, schlecht, scheußlich, bösartig, gemein und fürchterlich hieran? Die Kurzversion dieser Fragen lautet: Was ist richtig und falsch, gut und schlecht? Es sind die Dinge, die wir als richtig, gut, perfekt und/oder korrekt erachten, die uns am meisten festhängen lassen. Wir möchten sie nicht loslassen, weil wir beschlossen haben, sie richtig zu machen.

POD steht für den Punkt der Zerstörung; all die Arten, auf die du dich selbst zerstört hast, um, was auch immer du klärst, in der Existenz zu halten.

POC steht für den Punkt der Kreation der Gedanken, Gefühle und Emotionen, die deiner Entscheidung, die Energie an Ort und Stelle einzuschließen, direkt vorausgehen.

Manchmal sagen die Leute „POD und POCe das“, was einfach die Kurzform für das längere Clearing Statement ist. Wenn du etwas „POD und POc“st, ist das, als ziehst du die unterste Karte aus einem Kartenhaus. Das ganze Ding bricht zusammen.

All 9 steht für die neun verschiedenen Arten, auf die du diese Sache als eine Begrenzung in deinem Leben kreiert hast. Sie sind die Schichten von Gedanken, Gefühlen, Emotionen und Ansichten, die die Begrenzung als solide und real kreieren.

Shorts ist die Kurzform einer viel längeren Reihe an Fragen, die unter anderem lauten: Was ist bedeutend daran? Was ist bedeutungslos daran? Was ist die Bestrafung dafür? Was ist die Belohnung dafür?

Boys steht für energetische Strukturen, die geschlossene Sphären genannt werden. Im Prinzip haben sie mit jenen Bereichen unseres Lebens zu tun, in denen wir ohne jeglichen Effekt immer wieder versucht haben, etwas in den Griff zu bekommen. Es gibt mindestens dreizehn verschiedene Arten dieser Sphären, die zusammen als „boys“ bezeichnet werden. Eine geschlossene Sphäre sieht aus wie die Blasen, die entstehen, wenn du in eine dieser Seifenblasenpfeifen für Kinder pustest, die mehrere Kammern haben. Es entsteht eine

Riesenmenge an Blasen, und wenn du eine Blase platzen lässt, wird sie schon durch die nächsten ersetzt.

Beyonds sind Gefühle oder Empfindungen, die dein Herz stehenbleiben lassen, deinen Atem ins Stocken bringen oder deine Bereitschaft stoppen, die Möglichkeiten anzuschauen. Beyonds ist das, was eintritt, wenn du unter Schock stehst. Es gibt viele Bereiche in unserem Leben, in denen wir erstarren. Jedes Mal, wenn du erstarrst, hält dich ein Beyond gefangen. Das ist das Problematische an einem Beyond: es hält dich davon ab, präsent zu sein. Die Beyonds beinhalten alles, was jenseits von Glaubensätzen, Realität, Vorstellung, Auffassung, Wahrnehmung, Rationalisierung, Vergebung liegt, sowie alle anderen Beyonds. Sie sind gewöhnlich Gefühle und Empfindungen, selten Emotionen und nie Gedanken.

www.ingramcontent.com/pod-product-compliance
Ingram Content Group UK Ltd.
Pitfield, Milton Keynes, MK11 3LW, UK
UKHW011314130225
4581UKWH00029B/383

9 781634 931472